Résilience et transformation des conflits dans les États des Grands Lacs africains:

Théorie, démarches et applications

Résilience et transformation des conflits dans les États des Grands Lacs africains:

Théorie, démarches et applications

Bosco Muchukiwa Rukakiza

Globethics.net Focus No. 59

Director: Prof. Dr Obiora Ike, Executive Director of Globethics.net in Geneva and Professor of Ethics at the Godfrey Okoye University Enugu/Nigeria.
Series editor: Dr Ignace Haaz, Managing Editor

Globethics.net Series Focus 59
Bosco Muchukiwa Rukakiza, *Résilience et transformation des conflits dans les États des Grands Lacs africains: Théorie, démarches et applications*
Geneva: Globethics.net, 2021
ISBN 978-2-88931-405-8 (online version)
ISBN 978-2-88931-406-5 (print version)
© 2021 Globethics.net

Managing Editor: Ignace Haaz
Assistant Editor: Nefti Bempong-Ahun

Globethics.net International Secretariat
150 route de Ferney
1211 Geneva 2, Switzerland
Website: *www.globethics.net/publications*
Email: *publications@globethics.net*

All web links in this text have been verified as of April 2021.

TABLE DES MATIÈRES

ABRÉVIATIONS ET SIGLES

ADEPAE	Action pour le développement et la paix endogènes
AFDL	Alliance des forces démocratiques pour la libération du Congo-Zaïre
APC	Action pour la paix et la concorde
ARAL	Arche d'alliance
ASP	Action solidaire pour la paix
CAP	Comité d'alerte pour la paix
CAR	Comité provincial d'analyse des risques
CCC	Comité de conservation communautaire
CDJP	Commission diocésaine justice et paix
CDM	Comité de dialogue et médiation
CEJA	Centre d'études juridiques appliquées
CENAP	Centre d'alerte et de prévention des conflits
CEPGL	Communauté économique des pays des Grands Lacs
CGCC	Conseil de gouvernance des comités de conservation
CIRGL	Conférence internationale de la région des Grands Lacs
COJESKI	Collectif des jeunes du Sud-Kivu
COMESA	Marché commun de l'Afrique orientale et australe
CONADER	Commission nationale de désarmement, démobilisation et réinsertion
COPARE	Conseil pour la paix et la réconciliation
CPDI	Cadre permanent de dialogue intercommunautaire
CVR	Commission vérité et réconciliation
GASAP	Groupe d'actions socio-agro-pastorales
GRF	Groupe de réflexion sur les questions foncières
HHI	Harvard Humanitarian Initiative
HJ	Héritiers de la justice

IA	International Alert
ICJP	Initiative congolaise pour la justice et la paix
IFDP	Innovation et formation pour le développement et la paix
INPP	Institut national de préparation professionnelle
IRC	International Rescue Committee
IRDP	Institut de recherche et de dialogue pour la paix
ISDR-Bukavu	Institut supérieur de développement rural de Bukavu
ISP-Bukavu	Institut supérieur pédagogique de Bukavu
ISSSS	International Security and Stabilization Support Strategy (Stratégie internationale de soutien à la sécurité et la stabilisation)
IVP (LPI)	Institut vie et paix
MCC	Mennonite Central Committee
MONUSCO	Mission de l'Organisation des Nations unies pour la stabilisation de la paix au Congo (RDC)
NAR	Never Again Rwanda
NP	Noyau de paix
OAP	Organisation d'appui à la paix
OB	Observatoire des conflits
ONG	Organisation non gouvernementale
PADEBU	Plateforme des associations de développement de Bunyakiri
PI	Pole Institute (Institut culturel dans la région des Grands Lacs africains)
PNKB	Parc national de Kahuzi-Biega
PNUD	Programme des Nations unies pour le développement
PP	Paillotte de paix
R.D. Congo	République démocratique du Congo
RAP	Recherche action participative appliquée aux conflits

RCD	Rassemblement congolais pour la démocratie
RFDA	Réseau des femmes pour un développement associatif
RFDP	Réseau des femmes pour les droits et la paix
RIO	Réseau d'innovation organisationnelle
SADC	Communauté de développement d'Afrique australe
SFCG	Search for Common Ground
SOFAD	Solidarité des femmes activistes pour la défense des droits humains
SOFEPADI	Solidarité féminine pour la paix et le développement intégral
STAREC	Programme de stabilisation et reconstruction de l'Est du Congo
TC	Transformation des conflits
TFC	Travail de fin de cycle
TFE	Travail de fin d'étude
UEA	Université évangélique en Afrique
UN-Habitat	Programme des Nations unies pour les établissements humains
UPDI	Union paysanne pour le développement intégral
USAID/SPR	Agence des États-Unis pour le développement international/ Solution pour la paix et le relèvement
UTC	Unité de transformation conflits

PRÉFACE

La manière dont Bosco Muchukiwa Rukakiza analyse et apporte sa contribution au travail de transformation des conflits dans la région des Grands Lacs africains, en particulier et dans le monde en général, est d'une grande production de la connaissance scientifique sur la construction médiane de la paix. Son livre a la singularité d'articuler la théorie, la méthodologie et les applications dans le domaine de la médiation pour la paix et la réconciliation aux niveaux local et intermédiaire.

L'auteur montre que l'intérêt accordé par les bailleurs des fonds aux thématiques de paix et de résilience pour la paix et la réconciliation a mobilisé les acteurs étatiques et les Organisations de la société civile à investir dans la transformation des conflits, pas comme un but en soi, mais comme un moyen. Ce qui justifie non seulement le nombre élevé d'Organisations internationales et nationales qui travaillent dans les domaines de paix et de résilience, mais aussi l'amateurisme avec lequel nombreux intervenants agissent ainsi.

Par le présent ouvrage, l'auteur voudrait donc combler le vide théorique observé dans le domaine de transformation des conflits, sur la *recherche action participative* et sur les capacités de résilience pour ainsi contribuer à des interventions efficaces dans la construction de la paix et la réconciliation. C'est la première visée de l'auteur. Il veut susciter le débat pour conduire les praticiens de la transformation des conflits à savoir distinguer et lier la théorie, la démarche et les applications en vue de libérer le domaine de transformation des conflits de son caractère actuel de fourretout ; telle est la deuxième visée de l'auteur.

La valeur ajoutée de l'ouvrage, c'est la mise en relief de la relation entre les théories et les pratiques dans le domaine de transformation des conflits : les théoriciens et les praticiens devraient se féconder mutuellement en termes d'apprentissage mutuel pour la construction d'une paix durable. De la même façon que les praticiens en transformation des conflits sont appelés à « écouter » les orientations des théoriciens, ces derniers sont invités, à leur tour, à apprendre des praticiens qui vivent au quotidien avec les populations en conflits. Les notions de base sur la transformation des conflits, telles que développées par l'auteur, à partir de l'ouvrage de John Paul Lederach (2003[1]), renforcent la nécessité d'une connaissance théorique de base pour affronter le métier de médiateur communautaire et social. C'est la dernière visée de l'auteur.

La recherche action participative et la résilience qui sont abordées dans les deux dernières parties du présent ouvrage par l'auteur rappellent les deux considérations actuelles de paix. La recherche action participative perçoit la paix comme un processus (qui demande du temps, des moyens et de la patience) au regard de la dynamique des acteurs, des enjeux et des facteurs qui influencent les conflits intra et intercommunautaires. Telle est, selon la population, la perception souvent partagée par les acteurs politiques, les organisations de la société civile et les agences des Nations unies. La résilience, en tant qu'application des capacités et pratiques des communautés pour faire face aux différends et survivre, en dépit du choc causé par le conflit, insinue la perception de la paix comme un besoin urgent pour les populations qui « vivent » et se sentent menacées par les effets d'un conflit. C'est à ce niveau encore que Bosco Muchukiwa Rukakiza paraît intéressant : il passe en filigrane la nécessité de prendre en compte la résilience endogène et exogène dans la recherche d'une paix durable.

Reconnaître que les conflits ne naissent pas de la même manière et ne peuvent donc pas être transformés par les mêmes approches, ni traités avec les mêmes finalités ou avec les mêmes capacités de résilience

---

[1] Note de l'édieur : John Paul Lederach est professeur émérite de consolidation de la paix internationale au Centre d'études internationales de Hesburgh, à l'Université de Notre Dame, Indiana, aux États-Unis. Il est connu internationalement pour son travail de pionnier dans la transformation des conflits.

prouve la transcendance de l'auteur et valorise la diversité avec laquelle les organisations internationales et nationales transforment les conflits dans la province du Sud-Kivu. Cette conviction de l'auteur, vis-à-vis du fanatisme méthodologique, le libère de l'arrogance intellectuelle et permet de considérer ses critiques à l'égard des praticiens de transformation des conflits comme un engrais qui les poussent plutôt à se poser en permanence cette question : comment travailler autrement pour intervenir avec efficacité en transformation des conflits et en réconciliation ? Les réponses à cette question sont fournies dans l'ouvrage.

Au-delà de la maîtrise des concepts clés en transformation des conflits, des étapes de la recherche action participative et de la pluralité des capacités de résilience, la transformation des conflits dans la région des Grands Lacs africains nécessite une attention particulière sur les facteurs qui bloquent la paix. C'est le cas de rappeler des manipulations politiciennes et identitaires ainsi que de la mauvaise gouvernance qui se nourrissent de la défaillance de l'État à l'Est de la République démocratique du Congo et de l'inefficacité des institutions régionales. La refondation de l'État en République démocratique du Congo et la redynamisation des conventions signées dans le cadre des institutions régionales (CEPGL, COMESA, CIRGL, SADC, etc.) appellent au besoin de l'État qui devrait jouer son rôle régalien pour soutenir les efforts exogènes de transformation des conflits et les capacités endogènes de résilience pour la paix dans la région des Grands Lacs africains.

Bukavu, le 2 juin 2020.
Professeur Isaac Kitoka Moke Mutondo[2]

---

[2] Professeur d'éthique à l'Université évangélique en Afrique (UEA), Directeur du Centre interdisciplinaire en éthique (CIRE-UEA) et Chercheur au Programme dialogue transfrontalier pour la paix dans la région des Grands Lacs africains.

INTRODUCTION

Introduction générale

Les ouvrages sur *la résilience et la transformation des conflits* dans la région des Grands Lacs africains sont peu nombreux voire presque inexistants. L'article de Michel Garenne et Enéas Gakusi[3] révèle que la gestion de l'État et l'aide internationale ont contribué au Rwanda à la résilience aux crises des années 1990. Leur étude démographique focalisée sur ce pays est informative et sera résumée dans la dernière partie de cet ouvrage. Les analyses que ces deux auteurs font, n'explorent pas la théorie de transformation des conflits et la recherche action participative appliquée aux conflits. Ces deux dimensions manquent dans cet article. Elles sont développées dans le rapport de recherche[4] effectuée par Interpeace et ses partenaires sur les capacités de résilience pour la réconciliation et la paix dans la région des grands lacs africains. Les résultats que ce rapport de recherche présente ont une dimension psychologique, ce sont des faits de conscience qui décrivent les perceptions, les aspirations

---

[3] Michel Garenne et Enéas Gakusi, « La résilience du Rwanda aux chocs des années 1990 : Une perspective démographique », dans *Éthique et économique/Ethics and Economicus,* 11(1), 2014, 28p.

[4] Interpeace et ses partenaires, *Résilience pour la réconciliation dans la région des Grands Lacs. Dialogue transfrontalier pour la paix dans la région des Grands Lacs,* Inédit, Nairobi, juin, 2019, 169p. Les partenaires d'Interpeace qui ont participé à cette recherche financée les gouvernements suédois et suisse sont Action pour la paix et la concorde (APC), Centre d'alerte et de prévention des conflits (CENAP), Centre d'études juridiques appliquées (CEJA), Interpeace Nairobi Office, Harvard Humanitarian Initiative (HHI), Never Again Rwanda (NAR), Pole Institute (Institut interculturel dans la région des Grands Lacs) et Réseau d'innovation organisationnelle (RIO).

et les discours de quelques habitants du Burundi, de la République démocratique du Congo et du Rwanda, se rapportant aux capacités de résilience et réconciliation aux niveaux individuel, relationnel, culturel et institutionnel.

En effet, cette enquête présente les données qualitatives et quantitatives sur ce qu'il convient d'appeler les représentations sur les pratiques de réconciliation et de paix. Ces dernières ne sont pas détaillées et approfondies, ni la théorie de transformation des conflits, ni encore la recherche action participative pour expliquer leur histoire, leur application aux conflits et leur passage dans le domaine de construction de la paix. Il y a donc un vide que les auteurs n'ont pas comblé. C'est la raison pour laquelle nous avons réuni les données sur la théorie de transformation des conflits, la recherche action participative et les capacités de résilience en vue de contribuer à enrichir les travaux qui existent déjà par les analyses sociologiques à la production des connaissances en la matière sur la construction de la paix au niveau intermédiaire.

Les objectifs de cet ouvrage

Élaborer cet ouvrage sur *la résilience et la transformation des conflits* est un engagement personnel qui consiste à aborder la thématique au cœur de la praxis et à susciter les polémiques entre les scientifiques et les praticiens. Elles pourront naître de l'interprétation des données présentées dans cet ouvrage qui décrit trois aspects importants à connaître pour mieux travailler dans le champ de la médiation des conflits et de la consolidation de la paix au niveau intermédiaire. Les intervenants nationaux et étrangers dans ce domaine d'actualité font rarement la distinction entre la théorie, la démarche et les applications. Ce champ d'action paraît un fourretout.

C'est pourquoi cet ouvrage poursuit trois objectifs essentiels ci-après pour lever les équivoques à ce sujet. Le premier objectif est d'expliquer les orientations de la théorie de transformation des conflits. Elles sont expliquées à partir des données issues de la recherche théorique en vue d'expliciter les concepts liés à cette théorie, les capacités de transformation des conflits qu'elle suggère à adopter, les niveaux et les domaines d'application de cette théorie. Les cas analysés dans la première partie de cet ouvrage visent à démontrer la pluralité d'approches dans le champ de transformation des conflits.

Le deuxième objectif relatif à la deuxième partie de cet ouvrage consiste à décrire les étapes de la *recherche action participative* appliquée aux conflits. Comme démarche, elle n'est pas à confondre avec la théorie de transformation des conflits. La recherche action participative sert à récolter les données en faisant participer les communautés locales dans la production des connaissances sur les conflits. La participation est recherchée par les ONG pour développer une compréhension commune sur les enjeux, les acteurs, les conséquences et la dynamique des conflits. Au cours de cet apprentissage, les participants identifient les capacités endogènes et exogènes possibles à être explorées en vue de préparer le dialogue communautaire pour la réconciliation. Les données récoltées au moment de cette compréhension commune sont riches mais souffrent de validité scientifique. Le dialogue entre les scientifiques et les praticiens est timide pour reconnaître la valeur heuristique de cette méthode. Les ONG nationales, internationales et leurs partenaires qui promeuvent la recherche action participative appliquée aux conflits se comptent dans le secteur de médiation. Quelques cas décrits dans cet ouvrage démontrent la pluralité des ONG nationales ainsi qu'internationales qui appliquent cette démarche malgré ses faiblesses indiquées dans cette analyse.

Le troisième et dernier objectif consiste à décrire l'efficacité de quelques approches de résilience expérimentées dans la province du Sud-Kivu et dans les États des Grands Lacs africains, ce qui implique que les analyses faites dans cet ouvrage dégagent également les forces et les limites des pratiques de consolidation de la paix.

Enfin, les capacités de résilience sont transversales, dès la théorie via la méthode jusqu'à l'application aux conflits ; d'où la confusion. Ceux qui font la prévention, la gestion, la résolution des conflits et l'analyse du contexte soutiennent qu'ils font la transformation des conflits et apportent les capacités de résilience aussi. La confusion persistante à ce sujet s'expliquerait par le manque de maîtrise de cette théorie, l'actualité de de la recherche action participative et de la résilience appliquée aux conflits ; d'où la floraison de nouvelles approches sans cohérence interne et pertinence. La diversité d'approches constatée sur le terrain est décrite à l'aide des données puisées des rapports des ONG nationales et internationales, des livres et des mémoires des étudiants sur la résilience et la transformation des conflits dans la région des Grands Lacs africains.

Les sources et la validité des données analysées

Les données puisées de la lecture des livres ou des rapports d'activités ont été confrontées à d'autres sources d'informations pour objectivation. Ces dernières ont fourni des réponses aux questions posées dans cet ouvrage et expliquent la pluralité d'approches constatée dans la Province du Sud-Kivu ainsi que dans les États de la région des Grands Lacs africains. C'est dans cette optique qu'il faille comprendre cette synthèse construite à l'interstice de la théorie, de la méthode et de la praxis. La synthèse est utile aux étudiants, aux enseignants, aux chercheurs, aux médiateurs, aux dirigeants politiques et administratifs, aux agents des ONG nationales et internationales et des agences des Nations unies, et à tous les autres praticiens pour améliorer leur compréhension des outils et parvenir à la maîtrise de l'art d'un bout à l'autre de manière efficace. À notre avis, les uns et des autres ont besoin des analyses constructives qui dégagent les forces et les faiblesses de leurs pratiques en vue d'adapter leurs interventions sur le terrain. Bref, la synthèse leur permettra d'enrichir les enseignements et les formations sur le renforcement des capacités des médiateurs locaux et des faiseurs de paix. La synthèse porte sur le livre de John Paul Lederach, la recherche action participative et les capacités de résilience appliquées aux conflits, clarifie quelques concepts clés de la théorie de transformation des conflits et présente la diversité d'approches observée dans la réconciliation des groupes ethniques en conflit au Sud-Kivu en R.D. Congo en particulier et dans les États de la région des Grands Lacs africains en général.

Nous évoquons à ce niveau la question de validité des données fournies pour expliquer les faits observés car elle est importante en vue de prévenir nos lecteurs que la synthèse ne porte pas sur l'ensemble des ouvrages de Lederach, ni sur tous les écrits sur la recherche action participative et sur la résilience. Nous avons opéré un choix pour décrire les pratiques de paix qui se font dans la région des Grands Lacs africains, celui de les rendre intelligibles en mettant en relief les approches de résilience endogène et exogène. C'est pourquoi la synthèse est principalement axée sur le livre de Lederach mentionné dans la première partie de cet ouvrage, sur la recherche action participative dans la deuxième partie et sur la résilience appliquée aux conflits dans la troisième partie.

Privilégier une analyse qui articule les spécificités théoriques, la démarche et les pratiques offre l'intérêt de montrer aux lecteurs que la théorie de transformation des conflits n'est pas périmée même si les utilisateurs l'ont vidée de sa substance. Bon gré ou mal gré, ils continuent à l'appliquer différemment selon leur compréhension ou de leur manière pour marquer leur présence sur le terrain. Leur façon d'agir est source d'une pluralité d'approches et d'interprétations (transformation ou transcendance). Les intervenants sont parvenus à importer et à développer divers modèles théorique, méthodologique et application en rapport avec les conflits à adresser sur le champ d'action. La thèse de pluralité d'approches est avancée dans le cas d'espèce et permet de soutenir qu'il n'existe pas une et unique approche de transformer et d'orienter les dynamiques des conflits dans une société. Par cette thèse, nous réfutons les positions défendues par Johan Galtung selon lesquelles « *les conflits naissent de la même manière et devraient par conséquent être traités de la même manière et avec les mêmes intentions*[5] ».

Les faits décrits dans cet ouvrage montrent que les conflits ne naissent pas de la même manière, raison pour laquelle ils ne peuvent ni être transformés par la même approche, ni traités avec les mêmes finalités, ni encore avec les mêmes capacités de résilience. Les résultats dépendent du contexte politique, des enjeux vitaux qui mobilisent et rendent les acteurs en conflit intransigeants, de la maîtrise d'outils à appliquer par les intervenants compétents à l'étape de chaque conflit. Le livre expose donc les résultats de notre recherche qui explicitent de quelle manière chaque intervenant agit ou opère pour transformer les conflits dans la Province du Sud-Kivu et dans les États de la région des Grands Lacs africains.

La structure de cet ouvrage

L'ouvrage est constitué de trois grandes parties. La première partie est consacrée à la théorie de transformation des conflits telle qu'elle est définie et développée par Lederach dans les années 1980. Elle explique les notions de base pour ceux qui désirent devenir des médiateurs dans les conflits locaux et communautaires qui sont très souvent difficiles à dénouer. Les notions de base permettent de comprendre les spécificités, les domaines d'application et les lacunes de la théorie de transformation des conflits pour mieux en tirer profit, l'appliquer efficacement et se positionner par rapport à l'éventail des théories existantes dans le champ de médiation. L'application de la théorie de transformation des conflits n'est pas commune, ni contraignante mais exige la connaissance des

---

[5] Johan Galtung, *Transcendance et transformation des conflits. Une introduction au métier de médiateur*, Traduit par Célestin TAGOU, Yaoundé, Presse des Universités Protestantes d'Afrique (PUPA), 2010, p.9

concepts d'épicentre, d'épisode, de pic, d'onde, de dilemme, de capacité, de potentiel transformationnel, de niveau d'intervention, de plateforme, de plan stratégique pour le changement constructif, de dimension visible et invisible des conflits pour l'utiliser avec succès et efficacité du début à la fin. L'efficacité recherchée par les ONG nationales et internationales, par les agences des Nations unies dépend de l'articulation de plusieurs approches sur le terrain. Les cas analysés montrent que chaque organisation procède de sa manière, combine plus d'une approche pour adresser la complexité des situations.

La deuxième partie synthétise la recherche action participative appliquée aux conflits en vue de permettre aux débutants d'en avoir une compréhension claire. La recherche action participative appliquée aux conflits est une démarche suivie par la plupart des ONG pour identifier et comprendre les moteurs et la dynamique des conflits qui ont éclaté dans les communautés et continuent à détériorer les relations sociales au Sud-Kivu en particulier et dans les États de la région des Grands Lacs africains en général. Quelques intervenants dans cette zone déclarent que la recherche action participative appliquée aux conflits est au service de la théorie de transformation des conflits et donne de bons résultats. Cependant, cette méthode suscite des polémiques chez les académiciens qui sous-estiment sa capacité heuristique et sa validité scientifique. Aussi, les praticiens ont des avis partagés sur les étapes à suivre. Les polémiques ne sont pas closes. Enfin et en dépit de ces polémiques théorique et méthodologique, la recherche action participative appliquée aux conflits n'est pas abandonnée. Les ONG l'appliquent pour distiller les enjeux et comprendre les logiques des acteurs des conflits qui se produisent dans les chefferies, les secteurs, les territoires, les provinces, les États et dans les espaces plus vastes comme la région des Grands Lacs africains. C'est la raison d'être de cette deuxième partie de cet ouvrage qui propose quelques étapes qui sont une résultante d'une synthèse de plusieurs étapes décrites dans les livres consultés.

La troisième partie définit la notion de résilience et décrit les capacités qui ont été appliquées aux conflits fonciers et d'autorité à Mutarule, aux conflits territoriaux et identitaires dans les moyens et les hauts plateaux de Fizi, Mwenga et Uvira, aux conflits de succession au pouvoir coutumier traditionnel dans les groupements et les chefferies, aux conflits d'intérêts entre les populations et le Parc National de Kahuzi-Biega au Sud-Kivu. La particularité de cette partie de l'ouvrage est de montrer que les capacités de résilience endogène et exogène auxquelles recourent les individus, les communautés, les organisations et les États sont plurielles, non figées et diversifiées et ne garantissent pas l'entière efficacité sur le terrain. Enfin, l'ouvrage présente les forces et les faiblesses des pratiques de résilience, décrit les étapes et les domaines d'application de la recherche action participative et dresse le lien entre celle-ci et la théorie de transformation des conflits.

1

LA THÉORIE
DE TRANSFORMATION DES CONFLITS

En 2003, John Paul Lederach a publié l'ouvrage intitulé: *The little book of conflict transformation. Clear articulation of the guiding principles by a pioneer in the field.* Dans cet ouvrage, l'auteur clarifie ses positions énoncées dans son livre de 1995[6]. Il y décrit les principales

---

[6] Pierre P. Lizée, écrit dans *études internationales*, Volume 27, n°4, 1996 au sujet de l'ouvrage de John Paul Lederach intitulé : *Preparing for Peace, Conflict Transformation Accross Cultures*, Syracuse, New York, Syracuse University Press, 1995, 133 pages que l'auteur développe ses arguments en trois parties. La première partie théorique analyse et rejette les concepts de régulation et de résolution des conflits, car ils sont muets sur l'idée de justice sociale et ne s'attaquent pas aux sources des conflits, mais à leurs conséquences. Ainsi, la transformation des conflits repose sur les stratégies de restructuration des relations sociales propices à la paix et à la justice sociales en vue de rendre les conflits moins violents en tenant compte de leurs dynamiques profondes de production. La deuxième partie axée sur la méthode de transformation des conflits propose de trouver des modèles au conflit qui tiennent compte des particularités culturelles et de les soumettre à une critique soutenue. La troisième partie décrit quelques exemples d'application de la transformation des conflits. Lizée note que Lederach défend deux principales idées dans son ouvrage. Premièrement, les groupes qui composent une société font les conflits pour affirmer leur identité, se mesurer à l'autre de façon violente ou non. On ne peut donc pas espérer éliminer ces conflits. Deuxièmement et enfin, il s'agit de les transformer, c'est-à-dire de leur donner une expression à la fois non violente et plus propice à l'émergence d'une certaine justice sociale. Tenir compte de certains facteurs culturels qui peuvent entraver la transformation des conflits. Cela consiste à

orientations de base sur la théorie de transformation des conflits. Par ses différentes publications sur le thème, John Paul Lederach est le premier à inventer et à utiliser le concept de transformation des conflits dans les années 1980. Il l'a construit à partir des études qu'il a effectuées en Amérique Centrale, en Amérique Latine, en Afrique, en Asie et en Asie centrale, en Amérique du Nord. L'auteur a donc capitalisé son expérience de plus de 20 années de recherche sur les conflits, la réconciliation et la consolidation de la paix.

À notre connaissance, les autres écrits[7] sur la théorie de transformation des conflits pèsent mais sont des inspirations ou des interprétations de la pensée primaire centrale de Lederach. À les lire, on peut poser le problème de comment dériver de sa théorie son application au terrain. L'opérationnalisation pose problème sur les plans théorique et pratique. Les concepts de base liés à la théorie de transformation des conflits ne sont pas opérationnalisés selon les indications de l'auteur. Quelles sont les spécificités de cette théorie? La plupart des intervenants sur le terrain se focalisent uniquement sur les plateformes susceptibles d'induire le changement social et d'atténuer la violence aux niveaux individuel, relationnel, structurel et culturel. Les diverses structures qu'ils implan-

---

trouver des solutions aux conflits dans le vécu culturel. Lizée conclut que les arguments de Lederach sont simplistes et incomplets, car ce dernier n'explique pas comment la justice sociale peut contribuer à modifier la structure du pouvoir, le rôle de l'État n'est pas examiné dans la transformation des conflits et le concept de culture est trop flou.

[7] Allusion est faite aux modules de formation et aux rapports de recherche sur cette théorie. Il s'agit d'ICCO, KERK in ACTIE et Transition International, *Analyse de conflit : outil pratique pour une analyse de conflit afin de formuler les propriétés et les stratégies de programme de transformation de conflit*, Utrecht, Hollande, 2008, 27p. Impunity Watch et OXFAM, *Perceptions de citoyens sur la transformation des conflits dans la région des Grands Lacs (Burundi, Rwanda, République Démocratique du Congo)*, Rapport final, Bujumbura, novembre, 2014, 63p., etc.

tent pour transformer les conflits sont-elles efficaces ? Répondent-elles aux aspirations des parties en conflit ?

À ce propos, les déviations sont observables en ce qui concerne l'analyse des causes de conflits, la formation universitaire, la médiation et la procédure à suivre pour dégager le dilemme à partir duquel est définie la vision commune relative au changement constructif. La transformation d'un conflit procède-t-elle de l'application d'une seule approche ? Autrement dit, les médiateurs sont-ils tenus à appliquer les mêmes approches dans la transformation des conflits ? Ces questions fondamentales sont au cœur du débat et trouvent des réponses appropriées dans cette première partie de l'ouvrage.

1.1 Les orientations de la théorie de transformation des conflits

Les orientations de la théorie de transformation des conflits sont dégagées à partir des publications de Lederach. Celles-ci décrivent l'objet de la théorie, son champ d'application, les types de capacités à développer pour induire la transformation des conflits aux niveaux individuel, relationnel, sociétal et culturel.

1.1.1. Les thèmes abordés par Lederach

Les publications de Lederach sur la théorie de transformation des conflits sont peu connues dans le milieu francophone. Sa théorie a été vulgarisée au Sud-Kivu et dans la région des Grands Lacs africains, comme un produit importé par les ONG internationales. Elle a été introduite dans les milieux universitaires par des enseignants qui font des consultances dans les ONG locales et internationales. Ce schéma d'introduction par des relais est réductionniste et renseigne peu sur les applications de cette théorie, notamment sur les résultats obtenus ailleurs.

Ces aspects épistémologiques importants méritent d'être mentionnés dès maintenant pour cadrer les polémiques entre les scientifiques et les praticiens. À la fin du petit livre sur la théorie de transformation des conflits, il est écrit que l'auteur est docteur en sociologie et professeur à l'Institut Joan B. Kroc d'études internationales sur la paix de l'Université Notre Dame et à l'Université Mennonite oriental. Il y est aussi mentionné cinq autres ouvrages que l'auteur a écrit dans lesquels il aborde les thèmes de réconciliation, de consolidation de la paix et de transformation des conflits. Il s'agit des livres suivants :

- *Se préparer pour la paix : Transformation des conflits parmi les cultures* en 1995;
- *Construire la paix : Réconciliation durable dans les sociétés divisées* en 1997;
- *Le voyage vers la réconciliation* en 1999;
- *À partir de la base vers le haut : Contribution mennonite pour la consolidation de la paix internationale* en 2000;
- *Dans l'œil de l'orage : Un manuel de la consolidation de la paix internationale* en 2002[8].

Nous citons les ouvrages ci-dessus pour permettre aux lecteurs qui veulent approfondir la connaissance de comprendre que les notions de transformation de conflit, de consolidation de la paix, de construction de la paix, de réconciliation, d'établissement de la cohésion sociale voire d'éducation à la paix sont employées dans la plupart des cas et selon le contexte comme synonymes.

---

[8] Note de l'éditeur et référence aux titres originaux: *Preparing for Peace: Conflict Transformation Across Cultures*, Syracuse University Press, 1995, ISBN 0-8156-2725-4; *Building Peace: Sustainable Reconciliation in Divided Societies*, U.S. Institute of Peace, 1997, ISBN 1-878379-73-9; *The Journey Toward Reconciliation*, Pennsylvania: Herald Press, 1999, ISBN 0-8361-9082-3; *From the Ground Up: Mennonite Contributions to International Peacebuilding*, 2000, ISBN 978-0195136425; *A Handbook of International Peacebuilding: Into The Eye Of The Storm*, Jossey-Bass, 2002, ISBN 0-7879-5879-4

1.1.2. Les spécificités de la théorie de transformation des conflits

Le développement que John Paul Lederach fait de sa théorie permet de la considérer à la fois comme *une approche pratique et un cadre analytique*. D'abord, la théorie de transformation des conflits sert de cadre analytique. Celui-ci est élaboré par l'auteur pour contribuer à comprendre le conflit social, comment ce dernier émerge et produit le changement aux niveaux personnel, relationnel, structurel et culturel au cours de l'existence humaine. Pour mieux expliquer le conflit social, il suggère de considérer la théorie de transformation des conflits comme une grille de lecture qui adresse à la fois *l'épisode d'un conflit, l'épicentre d'un conflit, le pic d'un conflit, les ondes d'un conflit et le dilemme en vue de trouver les plateformes pour atteindre le changement désiré.*

Lederach écrit que l'épicentre d'un conflit est l'endroit où l'énergie est sortie pour la première fois. L'énergie d'un conflit dans la relation humaine est déclenchée par l'épisode d'un conflit et s'étend sur un espace géographique donné. L'épisode est donc l'étendue ou l'espace couvert par un conflit. Autrement dit, c'est la géographie de ce dernier. L'étendue couverte par un conflit dépend de son intensité. Celle-ci détermine le point culminant, le sommet ou le pic d'un conflit. L'intensité, le seuil, le degré ou le niveau atteint par le conflit désigne la même réalité. En matière de prévention, un conflit est de basse, de moyenne ou de haute intensité. Qu'il soit de basse, de moyenne ou de haute intensité, un conflit est caractérisé par son rythme, son onde ou son mouvement qui détermine son étendue ou son épisode. Ces quatre concepts qui inspirent l'image d'un volcan ou d'une marmite en ébullition sont centraux dans les analyses de Lederach. Aux quatre concepts, il ajoute celui de dilemme qui est la contradiction à partir de laquelle se noue un conflit pour perdurer sur son étendue et dans la communauté. Le dilemme est donc la position opposée autour d'un enjeu qui brouille et empêche un conflit d'être dénoué, de réduire ses dégâts destructeurs et de trouver une issue constructive. L'idée de communauté sous-entend celle d'une population touchée ou affectée par un conflit en vue d'évaluer ses effets destructeurs et constructifs. C'est la démographie du conflit. Ces différentes notions font appel à l'histoire, à la géographie, à la démographie et à la dynamique d'un conflit à transformer.

Pour ces raisons, Lederach soutient qu'un conflit a une force particulière de destruction, mais également il est porteur d'un potentiel de croissance pour le changement social. Ce potentiel constructif est le levier sur lequel les intervenants doivent s'appuyer pour développer, notamment, le dialogue, le plaidoyer, les approches non violentes, les unités de transformation, l'analyse de contexte, l'analyse et la compréhension de conflit, la tolérance, le pluralisme, la médiation, la création de nouvelles pistes sur base des modèles culturels préexistants.

Le but est de déclencher le changement constructif qui constitue le nœud de toute action de transformation d'un conflit. Évoquer ces différents éléments, permet à Lederach d'introduire le volet pratique, c'est-à-dire la dimension stratégique en vue d'appliquer sa théorie de transformation des conflits. Pour l'auteur, les notions de potentiel constructif et de composant transformationnel désignent la même réalité et se structurent autour d'un plan stratégique. Ce dernier est constitué des activités et des initiatives qui contribueront à réduire la violence, à améliorer les relations humaines et à adresser la justice sociale.

Comme approche, c'est-à-dire un outil à utiliser pour la transformation des conflits sociaux violents, la théorie consiste à trouver des réponses constructives à ces derniers. Les réponses que Lederach appelle sous un autre angle *le composant transformationnel* visent à cultiver la capacité de regarder, de voir, de comprendre et à répondre aux problèmes présents dans le contexte des relations humaines et les processus du changement en cours. Les initiatives trouvées doivent répondre au comment le conflit peut changer au lieu d'être destructeur, comment il peut devenir constructif. Les intervenants devront avoir cela à l'esprit et entrevoir la paix sociale comme un développement continu et une résultante de l'amélioration de la qualité des relations humaines dans leur double dimension visible et invisible. Le concept de paix s'ajoute aussi à d'autres concepts expliqués supra pour rétablir la cohésion sociale.

Le dialogue y contribue comme l'un des composants transformationnels qui permet de parvenir à la paix, d'améliorer la justice et d'aboutir au changement constructif à tous les niveaux (individuel, relationnel, structurel et culturel). Lederach conclut que le dialogue n'est pas l'unique mécanisme de construire le changement social. C'est l'une des étapes essentielles pour atteindre la justice et la paix aux différents niveaux précités.

C'est pourquoi la transformation des conflits est *une stratégie intervenante*. Approche et stratégie riment, c'est-à-dire elles désignent une même réalité et visent à promouvoir le processus constructif selon les objectifs orientés vers le changement social. Les concepts de processus constructif, de processus transformationnel, de changement social, de transformation de conflit traduisent la même chose. Sur le plan stratégique, le processus de transformation des conflits consiste à comprendre trois éléments importants, à savoir *l'épicentre d'un conflit, l'épisode d'un conflit* et le *dilemme* en vue de trouver une voie de construire le changement social par le dialogue, les activités, les initiatives, l'unité de transformation appropriée au contexte, selon la vision de la paix et les capacités des communautés en conflit.

1.1.3. Les capacités pour la transformation des conflits

Les capacités à utiliser pour transformer un conflit sont détaillées dans les ouvrages de Lederach sous forme d'études, elles évoquent les conditions à réunir pour atteindre le changement social constructif. Il propose d'installer des plateformes, de trouver des solutions à court terme aux besoins, de travailler sur les stratégies à long terme qui permettent de réduire la violence et de ressouder la cohésion sociale. L'auteur suggère de développer les capacités appropriées au contexte culturel, de rechercher dans le passé des modèles qui ont fait preuve d'efficacité ou de créer de nouvelles pistes qui s'inspirent du passé et balisent le futur. Le développement des capacités appropriées suppose qu'il faille se focaliser sur un conflit violent pour le comprendre dans sa dynamique globale de production, en être informé pour connaître ce qui se passe en vue d'avoir une maîtrise des événements actuels.

Avoir à l'esprit une telle attitude, avant qu'un conflit n'éclate à la suite d'une conjugaison de facteurs interdépendants, permet d'agir avec efficacité et rendre un conflit violent moins destructeur. Dans cette complexité des facteurs, le travail consiste à déterminer la rémanence de l'identité comme catalyseur et opérateur dans la plupart des conflits violents. À ce sujet, Lederach soutient que l'identité est un enjeu au cœur de la plupart des conflits, à la base de leur épicentre et de chaque épisode.

Enfin, le concept d'identité manifeste pas seulement le conflit mais oriente la manière de se répandre de ce dernier sur une zone bien définie, en vue de causer divers dégâts sur l'espace occupé par des communautés en conflit. Avant de passer à la transformation d'un conflit, on doit prendre en compte cet élément identitaire qui est représenté de manière métaphorique par le cratère d'un volcan, afin d'établir le potentiel de transformation de conflit existant dans le milieu, et de fixer l'objectif de l'intervention destinée à la modérer, pour réduire un conflit violent.

Ces différents éléments font donc partie des capacités constructives à mettre en place en vue de remplacer le modèle de violence et de destruction de la cohésion sociale par un nouveau modèle. L'efficacité du nouveau modèle dépend de la capacité imaginative qui consiste à trouver des réponses à un conflit violent et ouvert, à réduire ses dégâts causés sur les communautés et à ressouder la structure des relations humaines.

1.1.4. Les niveaux d'application de la théorie de transformation des conflits

La théorie de transformation des conflits propose d'appliquer les actions à quatre niveaux, à savoir *personnel, relationnel, structurel* et *culturel* pour déclencher le changement social observable et durable. Ces quatre niveaux sont interdépendants et qualifiés par Johan Galtung de micro, méso, macro et méga. D'après Galtung, les grands conflits géopolitiques ou méga conflits, éclatent entre les régions et les civilisations, et ont la particularité de mobiliser les acteurs influents au niveau international, qui recourent à la diplomatie et à la médiation.

Au niveau de la société globale (structurel et culturel), le changement social attendu est la réforme des institutions et le changement des mentalités par des actions de plaidoyer, des projets de développement, des activités culturelles et celles de lutte contre la pauvreté. Pour aboutir au changement social souhaité, la théorie de transformation des conflits suggère d'identifier des groupes, des systèmes (politiques, économiques et sociaux), des idéologies, des valeurs, des normes, des identités et des coutumes dans la mesure où ceux-ci perpétuent et pérennisent des conflits, et d'appliquer la médiation, la négociation, le dialogue, la sensibilisation, le plaidoyer, c'est-à-dire d'appliquer une implantation des structures chargées de la transformation des conflits.

Aux niveaux personnel et relationnel, Lederach ajoute que les actions à poser doivent modifier les perceptions, les discours, les sentiments, les pratiques, les attitudes et le comportement. A ce stade, l'impact visé est le changement de comportement des acteurs en conflit. La médiation, la négociation, la sensibilisation, les discussions, les réflexions et le plaidoyer constituent des capacités qui contribuent à améliorer les rapports sociaux et à rétablir les relations humaines durables.

1.1.5. Les domaines d'application de la théorie de transformation des conflits

John Paul Lederach n'indique pas à quel type de conflit s'applique sa théorie de transformation des conflits plus particulièrement. La transformation des conflits a une portée générale, c'est-à-dire qu'elle est applicable à tous les conflits sans distinction.

L'application de cette théorie est diversifiée et non standardisée. En province du Sud-Kivu, les ONG l'appliquent dans les stratégies d'intervention qui visent à ressouder les liens interethniques. Elles l'appliquent aux conflits fonciers, miniers, territoriaux, d'intérêts, intercommunautaires, politiques, de succession au pouvoir coutumier traditionnel, etc. pour développer une compréhension commune sur des causes profondes et historiques des conflits. Les ONG qui l'appliquent sont ICCO, CORDAID, Action Aid International, Christian Aid, International Rescue Committee, International Alert, Solidarité des femmes activistes pour la défense des droits humains, Union paysanne pour le développement intégral, Search For Common Ground, Réseau d'innovation organisationnelle, Action pour la paix et la concorde, Programme des Nations unies pour le développement, Arche d'alliance, Action pour le développement et la paix endogènes, Interpeace, Institut vie et paix, Plateforme des associations de développement de Bunyakiri, Solidarité féminine pour la paix et le développement intégral, UN habitat, Héritiers de la justice, Innovation et formation pour le développement et la paix, Réseau des femmes pour les droits et la paix, Conseil pour la paix et la réconciliation, MONUSCO, USAID/Solution pour la paix et le relèvement, International Catholic Peace Movement, Diakonie Katastrophenhilfe, Brot für die Welt, Impunity Watch, OXFAM, La Benevolencija, Organisation d'appui à la paix, Centre OLAME, Initiative congolaise pour la justice et la paix, Pax Christi[9], etc.

---

[9] The International Catholic Peace Movement, Consulté à Kigali le 14 juin 2018, renseigne que la transformation des conflits est un processus qui comporte

Cette liste non exhaustive reprend les organisations nationales et internationales. Ces dernières appuient financièrement ou techniquement les premières dans les analyses du contexte, dans l'identification des causes profondes et structurelles de conflits, dans les formations pour renforcer les capacités des intervenants locaux et dans la mise en œuvre des plateformes pour cimenter la cohésion sociale.

Sur le plan géographique, la théorie de transformation des conflits a été appliquée par Action Solidaire pour la Paix, Centre d'Etudes Juridiques Appliquées et Institut Pole dans la Province du Nord-Kivu et par Réseau d'Innovation Organisationnelle, Action pour la Paix et la Concorde, Action pour le Développement et la Paix Endogènes, Arche d'Alliance dans la Province du Sud-Kivu en République démocratique du Congo. Au Burundi et au Rwanda, les bailleurs de fonds ont agi par le biais de Centre d'Alerte et de Prévention des conflits, Impunity Watch, Never Again Rwanda, Institut de Recherche et le Dialogue pour la Paix, etc. Dans ces trois pays, l'application de la théorie de transfor-

---

l'engagement des antagonistes à transformer leurs relations, à revoir leurs intérêts, à reconsidérer leurs différends, et si nécessaire, leur volonté de recréer un nouvel environnement sociologique opposé à la poursuite du conflit armé. Selon Pax Christi, la transformation des conflits n'est pas brusque, mais se fait progressivement par une série de changements plus ou moins mineurs par de petites étapes bien spécifiques dans lesquelles chaque acteur a un rôle à jouer. Le rôle de Pax Christi est double, à savoir : - de soutenir les acteurs locaux et à coordonner les efforts de paix de ceux qui agissent à la périphérie du conflit, car ils ont une connaissance parfaite des dynamiques socioculturelles locales et décident de s'engager dans un processus à long terme, et – d'agir à trois niveaux : *agir sur les hauts dirigeants du pays par des contacts en vue de trouver des résultats potentiels de la sortie de crise, ** agir sur les dirigeants de statut intermédiaire en vue d'étudier les conditions d'une solution en collaboration avec les personnalités locales qui organisent et participent aux rencontres, *** inviter les responsables des organisations de la société civile à participer à toutes les activités de restauration de la paix.

mation des conflits n'est pas brusque, mais liée au contexte des guerres transfrontalières et des conflits identitaires. Son introduction s'est faite progressivement et par une série de changements plus ou moins mineurs. La théorie de transformation des conflits a été appliquée aux divers domaines notamment la promotion des droits de l'homme, la démocratie, la construction de la paix, le changement social, le développement, les perceptions de citoyens sur la transformation des conflits, la formation[10], la lutte contre les violences sexuelles basées sur le genre, les conflits fonciers, les conflits identitaires, les conflits politiques transfrontaliers, etc.

Le dernier exemple concerne ICCO, Kerk in Actie et Transition International[11] déjà cités qui ont appliqué la théorie de transformation des conflits au Burundi et en République démocratique du Congo en Afrique, au Moyen-Orient et en Asie par les programmes de construction de la paix, de sécurité alimentaire, de droits fonciers, d'éducation civique, de leadership des jeunes. Ils oeuvrent en vue de renforcement des capacités des acteurs locaux pour leur permettre d'influer sur les dynamiques des conflits.

1.2 La diversité d'approches en transformation des conflits

Nous analysons quelques exemples pour montrer que l'application de la théorie de transformation des conflits est sujette à une pluralité d'approches dont les unes et les autres s'articulent autour de prévention, de gestion et de résolution des conflits. Ces exemples permettent de

---

[10] Par exemple USAID et International Alert, *Principes de base de la transformation des conflits et du genre*, Atelier de formation, Bukavu, du 7 au 10 décembre 2010, 66p.

[11] Transition International, Irma Specht, *Analyse de conflit. Outil pratique pour une analyse de conflit afin de formuler les priorités et les stratégies de programmes de transformation de conflit*, ICCO, Kerk in Actie, RD Utrecht, Pays-Bas, 2008, 27p.

comprendre qu'aucune organisation analysée n'emploie une seule stratégie pour rapprocher des ethnies en conflit.

Les illustrations concernant l'application de la théorie de transformation des conflits sont nombreuses, mais ne sont pas toutes décrites ici. Nous décrivons les plus importantes identifiées en vue d'expliquer la pluralité d'approches. Celle-ci est manifeste au niveau des étapes suivies, par les cadres implantés pour cimenter la cohésion interethnique, restaurer l'autorité de l'État congolais et la paix sociale.

1.2.1 L'Observatoire des conflits au Sud-Kivu

Le Conseil pour la paix et la réconciliation a initié l'Observatoire des conflits dans la province du Sud- Kivu[12] comme stratégie de transformation des conflits violents et identitaires. Commencé le 2 décembre 2002, le Conseil pour la paix et la réconciliation a collecté les données sur les conflits au Sud-Kivu en vue de les analyser, de les traiter et de les diffuser pour prévenir les conflits interethniques. Il a produit cinq numéros dont quatre ont été financés par MCC et un par Institut vie et paix. La méthodologie appliquée par le Conseil pour la paix et la réconciliation n'indique pas l'épicentre du conflit, ni l'épisode du conflit, ni le pic du conflit, encore moins l'onde de conflit et le dilemme à transformer.

La démarche suivie par cette organisation a consisté à installer des micro-observatoires dans les chefferies et les territoires pour jouer le rôle d'alerte précoce. Leurs membres ont été formés en techniques d'observation sociale, de collecte des données et de rapportage. Les données réunies à ce niveau étaient vérifiées par un agent commis au bureau central à Bukavu et chargé de monitoring. Sur base de son rapport de contrôle d'objectivité, le bureau central procédait à l'enrichissement des données par la documentation et à la comparaison avec les autres sources d'information disponibles. Le rapport synthèse

---

[12] Conseil pour la paix et la réconciliation/Bureau de coordination, Observatoire des conflits au Sud-Kivu, *Rapport de Janvier- Février 2003*, Bukavu, 38p.

était publié pour outiller les artisans de paix et les autres intervenants dans le domaine de consolidation de paix et de plaidoyer. Le premier rapport synthèse (de janvier- février 2003 : 5) dresse une typologie des conflits dans la province du Sud-Kivu et les classe en trois types, à savoir les conflits politiques (conflits de pouvoir, conflit idéologique), les conflits sociaux (conflit de leadership, conflit culturel, conflit ethnique) et les conflits économiques (conflits fonciers).

Cette typologie établie par le Conseil pour la paix et la réconciliation n'est pas exhaustive, ni d'essence de transformation des conflits violents et identitaires à la base. Elle contribue à une connaissance des conflits par la recherche, l'installation des micro-observatoires, la formation des membres et la diffusion des résultats. L'alerte précoce est un moyen de prévention des conflits qui incite la population à réduire les violences qu'à agir sur les causes profondes et structurelles des conflits. L'approche de sensibilisation à la prévention ne soulève pas les dilemmes, l'épicentre, l'épisode, le pic et l'onde des conflits pour inciter les communautés à définir le potentiel de changement à spectre plus large et à long terme.

L'approche Observatoire des conflits est basée sur le postulat selon lequel pour changer la situation de violence en celle de paix, l'Observatoire des conflits doit fournir aux médiateurs des données objectives pour parvenir à l'analyse et à la compréhension des conflits. La compréhension de chaque type de conflit est axée sur l'analyse du contexte, des manifestations du conflit, des acteurs du conflit et des perspectives de solution. Par l'analyse qui contribue à la connaissance de chaque conflit, il est possible de cimenter la cohésion interethnique[13]. L'approche Observatoire des conflits est un partiel potentiel transformationnel de conflits. N'incluant pas tous les éléments théoriques, elle contraste partiellement avec la démarche proposée par Lederach basée

---

[13] Laurent Mikalano, Coordinateur de COPARE, *Entretien* à Bukavu, vendredi 20 juin 2014.

sur les concepts clés de sa théorie. Elle n'est donc pas observée dans le cas d'espèce et même dans l'étude sur les mutuelles tribales et la construction de la paix à Bukavu[14].

D'après le Coordinateur du Conseil pour la paix et la réconciliation, le but de son étude de 2006 était de comprendre l'origine et le contexte de formation des mutuelles tribales à Bukavu, de déterminer leur nombre et les initiateurs, de décrire leurs objectifs et de dégager leur potentiel de construction de la paix. Après analyse des données récoltées en vue d'exécuter le projet dénommé la transformation des conflits par les communautés[15], il est ressorti que l'objectif de faire émerger l'identité ethnique prime sur celui de promouvoir la paix et la cohabitation pacifique. La stratégie intervenante s'est dressée en réel handicap. Elle ne serait pas efficace pour modifier de manière substantielle le facteur identitaire. Cet exemple de Conseil pour la paix et réconciliation n'est pas l'unique. Il y a d'autres structures qui proposent des approches innovantes qui s'écartent de l'essence de la théorie de transformation des conflits.

1.2.2 Les groupes de réflexion sur les questions foncières

Depuis 2002, l'organisation dénommée Innovation et formation pour le développement et la paix s'emploie à l'analyse et à la transformation des conflits fonciers par la sociothérapie[16], les groupes de réflexion sur les questions foncières, la codification des pratiques coutumières fon-

---

[14] Conseil pour la paix et la réconciliation, Observatoire des conflits au Sud-Kivu, *Les mutuelles tribales et la construction de la paix à Bukavu*, Bukavu, 2006, 71p.

[15] Laurent Mikalano, Invitation à la séance de validation des résultats de l'étude sur l'impact des mutuelles dans la construction de la paix à Bukavu, le 10 novembre 2006, 1p.

[16] La sociothérapie est une théorie développée par les savants hollandais et importée par IFDP qui s'applique à la résolution des litiges fonciers au Sud-Kivu en RD Congo.

cières et l'approche de multi-acteurs. L'expérience de cette organisation est synthétisée pour mieux expliquer la méthodologie qu'elle pratique en vue d'adresser la dimension invisible des relations humaines. L'idée de base est que les conflits fonciers dans n'importe quelle partie du monde détruisent la cohésion sociale, perpétuent la pauvreté rurale, limitent le développement du secteur agricole, et freinent la décentralisation foncière. Autrement dit, les conflits fonciers brouillent les relations humaines, comportent des dimensions subjectives et objectives qui doivent être adressées pour parvenir à la cohésion sociale.

Ces deux dimensions correspondent à ce que Lederach appelle les dimensions *invisibles* et *visibles* des relations humaines. Les dimensions invisibles ou subjectives relevant de la psychologie et de l'anthropologie charrient les idées, les charges émotionnelles, les valeurs, les perceptions, les croyances mais sont rarement touchées par les médiateurs en conflits fonciers. En revanche, les pratiques et les formes de transaction foncière, les procédures d'accès à la terre, les lois sur le système foncier qui relèvent de la dimension visible ou objective sont adressées, peu importe le résultat atteint, par la médiation, la négociation, la conciliation, la réforme et l'arbitrage.

Considérant la spécificité des conflits fonciers telle qu'elle est décrite ci-dessus, l'organisation dite Innovation et formation pour le développement et la paix applique une démarche innovante et spéciale qui consiste à adresser les dimensions subjective et objective des conflits fonciers par la sociothérapie, le groupe de réflexion sur les questions foncières, les contrats fonciers types, la codification des pratiques coutumières foncières (Kalinzi, Bwasa, Bugule et Bwime) et par l'approche de multi-acteurs en vue de la sécurisation et de la gouvernance foncières.

D'après Jean Baptiste Safari, l'approche que son organisation applique aboutit à la transformation efficace des conflits fonciers par le génie des agents commis à l'activité. Avec l'aide des paysans, ils parviennent à mesurer les champs, à les délimiter et à les codifier. À l'issue de cette opération de sécurisation foncière, les propriétaires reçoivent des certificats coutumiers à faire valoir contre toute spoliation ou occupation illégale.

Au sujet de groupe de réflexion sur les questions foncières, Fatima Avoki Alliance[17] note que les médiateurs aident les parties en conflit foncier à se parler et à développer le dialogue. C'est donc la médiation sous une autre forme. Elle a été appliquée dans le conflit foncier entre Ndagano et Chirabalwa dans la chefferie de Kabare. Le groupe de réflexion sur les questions foncières est parvenu à les mettre ensemble pour traiter à l'amiable leur litige foncier. À l'issue du dialogue, Chirabalwa, qui avait occupé le champ du propriétaire Ndagano, a finalement accepté de le lui restituer sans autre forme de procès.

Les résultats positifs sont légion dans les territoires de Kabare et Walungu. Le bilan dressé par Fatima Avoki Alliance de 2014 à 2016 montre que la technique de sécurisation foncière a permis de reconnaître 4.192 parcelles, de résoudre 424 conflits fonciers et 36 conflits fonciers sont en cours de résolution. Ces chiffres seraient en augmentation, car l'expérience est en train d'être étendue et répliquée dans le territoire d'Uvira avec l'appui financier d'USAID/SPR. Cet exemple n'est pas unique pour comprendre que la médiation est couplée avec les autres techniques (codification des pratiques coutumières foncières, approche multi-acteurs, contrats fonciers types, etc.) pour être efficace. L'organisation : Innovation et formation pour le développement et la paix a combiné différentes approches pour créer de nouvelles pistes de transformation des conflits fonciers. Elle a imaginé ses propres outils opératoires ou les a importés et adaptés au contexte pour prévenir et résoudre les conflits fonciers. Il n'existe donc pas une et seule approche de transformation des conflits fonciers. Il y a plusieurs possibilités d'agir

---

[17] Fatima Avoki Alliance, *IFDP et les approches de transformation des conflits fonciers*, Inédit, TFC, UEA, Année académique, 2016-2017, pp.18-31

que les intervenants inventent en fonction du contexte, des conflits à réduire les violences et de la maîtrise de l'outil à utiliser. L'approche du groupes de réflexion sur les questions foncières n'opère pas suivant la trame théorique proposée par Lederach et ne s'attaque pas à la racine des injustices foncières perpétuées par le système juridique.

1.2.3. La médiation foncière

La médiation qu'elle soit intuitive ou technique et scientifique est appliquée en province du Sud-Kivu dans plusieurs cas des conflits fonciers pour les transformer. La médiation n'a rien d'une approche miraculeuse, et n'est pas facile à engager si l'utilisateur en perd la maîtrise. Les organisations qui appliquent la médiation foncière sont Héritiers de la justice, Réseau des femmes pour un développement associatif, Union paysanne pour le développement intégral, Action pour la paix et la concorde, Réseau des femmes pour les droits et la paix, etc.

Ces organisations ont la particularité d'effectuer la médiation foncière par le truchement d'une structure dénommée respectivement la Paillotte de paix, le Comité de dialogue et médiation, le Noyau de paix, l'Unité de transformation des conflits, le Cadre permanent de dialogue intercommunautaire, le Groupe de réflexion sur les questions foncières, etc. Ces structures définissent quelques étapes suivre.

Nous illustrons notre propos par l'exemple du Réseau des femmes pour les droits et la paix. En 2017, Busomoke Nzika Justin[18] a observé que cette structure créée le 4 novembre 1999 par dix-sept femmes militantes applique la médiation dans les conflits fonciers liés au mauvais partage d'héritage, au déplacement des limites des champs, à la contestation de la transaction foncière, à la spoliation, à l'accaparement des terres, etc. Ces différents conflits fonciers opposent les membres de la

---

[18] Busomoke Nkika Justin, *Le RFDP et la transformation des conflits fonciers dans les groupements d'Ikoma, de Lurhala et de Walungu*, inédit, Mémoire, ISDR-Bukavu, 2016-2017, pp.14-33.

famille, les autorités locales (chef de groupement, chef de village) et les voisins.

Pour conduire efficacement la médiation foncière, le Réseau des femmes pour les droits et la paix a implanté les Comités d'alerte pour la paix qui sont chargés d'organiser les écoutes des parties en conflits fonciers jusqu'à aboutir à un compromis en présence des invités et témoins. Les étapes les plus importantes que le Comité d'alerte pour la paix observe sont : la saisie du Réseau des femmes pour les droits et la paix par la partie plaignante, le remplissage de la fiche de renseignements par le plaignant pour avoir l'assistance, l'examen de l'option à suivre (médiation ou accompagnement judiciaire), la convocation des parties en conflit, la programmation des auditions individuelles, le dégagement des éléments de convergence et de divergence, la confrontation, le compromis, la signature du protocole d'accord, le partage de la boisson locale en signe de réconciliation, le dressage de la fiche individuelle du processus de médiation, le suivi par le chef de village ou de groupement.

Les étapes décrites ci-dessus correspondent à l'évolution normale, c'est-à-dire au déroulement sans résistance et exit. S'il arrive que l'une des parties refuse le compromis, le Réseau des femmes pour les droits et la paix les consulte de nouveau puis il associe des proches influents des parties en conflit foncier, en vue de trouver un compromis. Les médiations réussies sont peu nombreuses car souvent elles ne se focalisent pas sur l'épicentre, mais l'épisode, le pic et/ou l'onde du conflit foncier pour trouver les pistes pertinentes afin de désacraliser l'identité à la terre. Dans ces cas, les éléments du contexte qui ont contribué à la détérioration de la relation humaine et à la précarisation de la cohésion sociale restent partiellement absents de la recherche d'une solution durable à l'identité territoriale. De même, les éléments de divergences qui structurent le dilemme sont ressortis de manière simple et ne permettent pas de soulever des contours d'une anthropologie du réveil identitaire. Les violences directes sont réduites mais les ressorts structurels des conflits fonciers persistent toujours au fondement.

1.2.4. La cartographie et la priorisation des conflits communautaires

L'expérience du Comité provincial d'analyse des risques[19] décrit un cadre qui permet de comprendre l'originalité d'un travail basé sur une cartographie et une priorisation des conflits communautaires, dans la province du Sud-Kivu, ayant pour finalité dernière la transformation des conflits. Financé par le Cordaid et bénéficiant de l'appui technique de la section des affaires civiles de la Monusco, le Comité provincial d'analyse des risques a organisé à Bukavu deux ateliers du 4 au 6 septembre 2012 et du 8 au 10 octobre 2013 en vue d'établir la cartographie et de prioriser les conflits communautaires dans la province du Sud-Kivu. Cette démarche permet à l'État et à la société de gérer et d'atténuer ces dynamiques de tension.

En 2012, sous la responsabilité de la Monusco-Bukavu, dix conflits sur 27 conflits de priorité 1 ont été résolus par les acteurs humanitaires et étatiques. Un autre conflit foncier à Minova relatif à la plantation Kageyo/Kibirwa en territoire de Kalehe était, lui, en voie de résolution par le Comité provincial d'analyse des risques.

En 2013, le travail de cartographie et de priorisation des zones de forte intensité des conflits a continué. Cette activité était fondée sur le postulat selon lequel les compétitions pour l'accès et le contrôle des ressources naturelles, la pression démographique, le mouvement des retournés, la compétition foncière pour l'agriculture et l'élevage, sont des menaces à la stabilité et à la paix durable dans la Province du Sud-Kivu, pour l'accès au pouvoir coutumier dans les entités administratives par des membres des familles régnantes et autres élites.

---

[19] Comité provincial d'Analyse des Risques liés aux conflits communautaires en Province du Sud-Kivu/RD Congo, *Rapport de l'atelier sur les rôles du CAR, cartographie et priorisation des conflits dans la province du Sud-Kivu*, organisé à l'Hôtel Beau Lieu à Bukavu, du 8 au 10 octobre 2013, 11p.

Autrement dit, les 166 conflits communautaires identifiés menacent dans cette région la stabilité et la paix[20]. Les connaissances obtenues au moyen d'une cartographie incluant une priorisation permet de planifier des activités de gestion des conflits, de travailler en synergie en vue de trouver des solutions durables aux conflits complexes, et enfin de mobiliser des fonds pour résoudre les conflits de priorités 1 et 2, dans l'optique de promouvoir la paix. Cette manière de faire a orienté la priorisation des conflits communautaires au Sud-Kivu en trois niveaux de risque ou de priorité d'intervention. Le premier niveau de priorité est constitué de 47 conflits à risque plus élevé, ou à haut risque contre la stabilité et la paix au Sud-Kivu. Les territoires à haut risque ou à conflit de forte intensité doivent bénéficier de la priorité d'intervention numéro 1 en vue d'établir la stabilité et la paix.

Le deuxième niveau de priorité est constitué de 76 conflits communautaires à risque moyen contre la stabilité et la paix. Les conflits classés au deuxième niveau méritent la priorité d'intervention numéro 2.

Le troisième niveau de priorité est constitué 45 conflits communautaires à faible risque, c'est-à-dire des conflits qui ne menacent pas la stabilité et la paix bien qu'il existe de réels tensions. Le rapport conclut que les conflits de priorité 1 et 2 exigent des interventions urgentes pour établir la paix et la sécurité.

En 2013, les entités rurales et urbaines d'intervention plus prioritaires étaient Kalehe, Mwenga, Shabunda, Kabare, Bukavu, Fizi, Uvira, Walungu et Idjwi.

---

[20] Le CAR a classé les 166 conflits communautaires identifiés au Sud-Kivu en pourcentage de cette manière : 53 conflits fonciers représentent 31,9%, 46 conflits de pouvoir coutumier, soit 27,7%, 39 conflits de pouvoir politico-administratifs représentent 23,5%, 19 conflits de contrôle des ressources naturelles, soit 11,4% et 9 conflits ethno-politiques, soit 5,4%.

En février et mars 2018, l'ISSSS et le STAREC[21] ont procédé à l'identification des zones prioritaires de stabilisation au Sud-Kivu. Leur rapport révèle que les dynamiques des conflits sont amplifiées par des dilemmes sécuritaires, des mobilisations foncières et identitaires, des exploitations illégales des ressources naturelles et par des conflits régionaux. Les participants à l'atelier d'actualisation des zones de stabilisation ont convenu de construire la capacité de gérer et d'atténuer les causes des conflits violents existants ou émergents, de créer les conditions pour améliorer la gouvernance et le développement à long terme dans le Nord Kalehe, la Plaine de la Ruzizi, les Moyens et Hauts plateaux d'Uvira et Mwenga, qui sont plus affectés par l'insécurité causée par des milices et groupes armés étrangers.

Cet exemple entre dans le processus/tunnel de gestion et de résolution des conflits. La cartographie des conflits est bien appropriée à la notion d'épisode ou de géographie de conflit. La priorisation des conflits correspond à celle d'intensité ou de seuil des conflits. Les zones de violences directes sont rendues connaissables à partir de la cartographie. Les types de conflits à haut risque, à risque moyen et à faible risque sont identifiés par la stratégie de priorisation. Cependant, les moteurs des conflits ne sont pas adressés, notamment, le motif identitaire qui soustend les conflits communautaires. Le motif identitaire persiste donc. Les intervenants dont la Monusco, le STAREC et le Comité provincial d'analyse des risques innovent par leur approche pour agir sur les dynamiques locales des conflits, mais ils n'observent alors pas assez scrupuleusement la démarche proposée par Lederach.

---

[21] ISSSS et STAREC, *Atelier de mise à jour des zones prioritaires de stabilisation au Sud-Kivu. Actualisation des zones* de 2014, Bukavu, INPP, du 16 au 17 février 2018, 9p.

1.2.5. La communication et les projets de cohésion sociale

Nous décrivons l'expérience de Search for Common Ground, une organisation américaine créée en 1982 et implantée en 2001 en République démocratique du Congo pour contribuer à la prévention des conflits. Elle développe des stratégies de communication (messages radiophoniques, clubs d'écoute, théâtres participatifs, bulletin Le messager, journalisme de paix), associe le sport pour la paix et des projets de développement (crédit bétail, adduction d'eau, travaux communautaires, réhabilitation de pont RWIKO, assainissement de la place ILUNDU). La formation des jeunes permet une approche sur la transformation des conflits en vue de construire les relations de confiance entre les ethnies pour la cohabitation pacifique. Plus concrètement, Search for Common Ground a collaboré avec le Groupe d'actions socio-agro-pastorales installé en territoire d'Uvira et avec le Collectif des jeunes du Sud-Kivu à Bukavu, ceci afin de rapprocher les communautés en conflit par le crédit en bétail, l'adduction d'eau à Chambwiche, l'organisation des activités sportives à Minembwe, Baraka et Bukavu, contribuant ainsi significativement à resserrer les liens sociaux entre les jeunes.

Les étudiants vivant dans cette zone bénéficient de petites bourses de recherche pour travailler sur la transformation des violences communautaires. En gros, la transformation des conflits par l'approche de communication est notable et la contribution de Search for Common Ground n'est pas du tout négligeable. Cette ONG organise les émissions et appuie les programmes radiophoniques dans la région des Grands Lacs africains pour renforcer la cohésion transfrontalière. L'objectif est de combattre les rumeurs et les préjugés qui sont deux facteurs importants à la base d'amplification des violences communautaires et des guerres entre États. Le dialogue, le renforcement des capacités[22], l'analyse de

---

[22] Centre Lokole- Search For Common Ground, *Transformation des conflits annexes pour Conader sensibilisateurs*, Bukavu, S.A., 23p. Le module propose 9 conseils pour passer d'un conflit destructeur au conflit constructeur par

conflit, la réconciliation et la coopération sont prévus au programme en vue d'accélérer le rapprochement des ethnies en conflit et des États. Ces différents potentiels transformationnels des conflits heurtent la sensibilité identitaire qui persiste toujours jusqu'à présent.

1.2.6 L'efficacité des approches de transformation des conflits

La théorie de transformation des conflits développée par Lederach dans les années 1980 ne prône pas d'arrêter le conflit, ni de le faire disparaître. Elle prône plutôt de créer des conditions maximales qui permettent aux parties en conflit de ressouder leurs liens sociaux, de transcender leurs différends pour le vivre ensemble, et d'éviter une polarisation chaotique. Identifier les conflits, faire l'analyse du contexte, faire l'analyse et la priorisation des conflits sur base de la methode de recherche action participative, organiser les dialogues, définir le plan d'action, signer les protocoles de paix et créer les plateformes désignent les étapes à suivre et/ou les potentiels à capitaliser pour garantir la transformation des conflits. Chaque étape présente des particularités qui constituent la révolution dans la manière de penser, de voir et de regarder le conflit pour le transformer sans le faire disparaître.

Cette manière de penser autrement un conflit, c'est-à-dire de le comprendre comme paradigme, et d'agir pour réduire la violence, améliorer les relations humaines et ressouder la cohésion sociale, c'est-à-dire de trouver une manière de vivre (ou de survivre) avec un conflit est appelée

---

l'approche coopérative (win-win) ou approche basée sur le terrain d'entente ou common ground, par la pratique et l'expérience. Les 9 conseils sont : 1) accepter que les conflits font partie de la vie ; 2) voir les conflits comme des opportunités ; 3) être conscient de ses réactions et respirer profondément avant d'agir ; 4) choisir son approche ; 5) écouter et apprendre ; 6) découvrir ce qui est important ; 7) être respectueux ; 8) trouver le terrain d'entente et 9) être créatif. La formation sur la transformation des conflits, les styles de comportements face aux conflits, la négociation, le dialogue, la communication, la médiation, etc. contribue à réduire les violences.

par Lederach *le changement constructif*. Pour y parvenir, l'auteur propose d'adopter la théorie de transformation des conflits. Son application n'est pas universaliste, ni contraignante, mais elle exige la maîtrise de quelques concepts. Il s'agit *des concepts d'épicentre, d'épisode, de pic, d'onde, de dilemme, d'identité, de capacité, de potentiel transformationnel, de niveau d'intervention, de plateforme, de justice sociale, dimensions visible et invisible des conflits*, ceci afin de l'utiliser d'un bout à l'autre avec succès.

Ces différents concepts sont développés dans les livres de Lederach et ont inspiré Caritas international, Icco, Kerk in Actie et Transition International, Search for Common Ground, International Alert, Institut vie et paix, Interpeace, Réseau d'innovation organisationnelle, Action pour la paix et la concorde, Arche d'alliance, Action pour le développement et la paix endogènes, Union paysanne pour le développement intégral, Solidarité des femmes activistes pour la défense des droits humains, Diakonia, Conseil pour la paix et la réconciliation, Innovation et formation pour le développement et la paix, Réseau des femmes pour les droits et la paix, USAID, OXFAM, UNHABITAT, etc.

La théorie de transformation des conflits a été appliquée aux conflits fonciers, politiques, identitaires, miniers, de succession au pouvoir coutumier, de limites entre deux entités territoriales, du Sud-Kivu, au Nord-Kivu en République démocratique du Congo, y compris au Burundi et au Rwanda.

Les organisations citées ci-dessus sont des agents de changement social et en même temps des adeptes de cette théorie de transformation des conflits. Ils se comptent par dizaine dans les organisations internationales et nationales en charge de la paix et des conflits. Cependant, toutes ne procèdent pas de la même manière sur le terrain, mais combinent plusieurs approches pour être efficace, car la réalité conflictuelle est complexe. L'efficacité est à géométrie variable, elle dépend de la nature de chaque plateforme, des capacités adoptées pour atteindre les objectifs assignés, du niveau d'intervention ciblé par les artisans de la paix, etc.

Dans l'ensemble, les résultats obtenus par ces derniers sont mitigés, car les indicateurs de mesures d'impact manquent. Les dimensions identitaires, d'injustice et d'inégalité sociales qui sont les véritables épicentres des conflits ne sont pas effectivement touchés pour être transformés par les artisans de paix. Ceci s'explique par le fait que ces derniers manquent de légitimité et sont considérés comme des vecteurs de l'occidentalisation ; d'où la résistance sournoise. La spécificité des approches analysées est de construire la paix à partir de la base sans adresser les causes profondes et structurelles de l'injustice et de l'inégalité sociales. Ces approches ne font que réduire les violences directes[23].

---

[23] Claske Dijkema, Karine Gatelier, Herrick Mouafo Djontu, *Transformation de conflit : Retrouver une capacité d'action face à la violence*, Paris, Editions Charles Léopold Mayer, 2017, pp.163-164.

2

LA RECHERCHE ACTION PARTICIPATIVE APPLIQUÉE AUX CONFLITS

Cette partie analyse et poursuit un triple objectif. Premièrement, elle définit ce qu'est la *recherche action participative* appliquée aux conflits, fixe son but et présente les connaissances produites par cette méthode collaborative au Sud-Kivu. Deuxièmement, cette partie soulève quelques questionnements sur les limites de la recherche action participative, à partir de notre expérience de consultant dans les organisations qui appliquent cette méthode de production des connaissances sur les conflits. Ains nous chercherons à clarifier plus en avant les étapes et les faiblesses de la recherche action participative appliquée aux conflits. Enfin, troisièmement, cette partie de l'ouvrage vise à fournir des données de recherche documentaire pour répondre à ce questionnement et comprendre les raisons qui poussent les praticiens, sans distanciation critique, à réifier l'action de transformation sociale. La technique de production des connaissances par l'implication du chercheur et d'une fraction de la population affectée par le conflit à haut risque est une pratique émergente transfrontalière, qui nécessite des analyses en profondeur.

Portée par les ONG internationales et nationales, la recherche action participative appliquée aux conflits n'est pas factice, mais un outil en pleine utilisation en dehors des universités et centres de recherche dans le contexte des luttes politiques et des conflits identitaires. Nous indiquons les buts pratiques concrets, les domaines et le lien entre la Recherche action participative et la théorie de transformation des conflits.

2.1 La recherche action participative appliquée aux conflits

La recherche action participative appliquée aux conflits est différemment définie selon les praticiens qui le mettent en oeuvre. Nous la résumons et définissons comme processus de production des connaissances, dans lequel le chercheur et les populations affectées par le conflit à haut risque analysent d'abord ses enjeux dans une perspective dynamique locale, prennent ensuite conscience de ses effets destructeurs et féconds, définissent enfin ensemble - à l'issue du dialogue -, des actions de transformation du conflit. Entendue dans ce sens, la recherche action participative appliquée aux conflits est donc une technique de récolte des données, portant sur les moteurs et les acteurs clés des conflits fonciers, identitaires, de succession au pouvoir coutumier, sur leurs dynamiques locales et sur leurs modes de résolution qui existent et ont été expérimentés par les communautés au cours de leur existence. Autrement dit, c'est une activité qui se développe en dehors des universités et institutions de recherche. Cette activité consiste à récolter des données sur les conflits locaux qui opposent des communautés, en les y impliquant dès le début du processus, en vue d'avoir une compréhension commune et de trouver ensemble des résolutions mutuellement satisfaisantes.

En général, le développement d'une compréhension commune porte sur une série de variables : dont les sources, la structure, les acteurs, les enjeux, les effets, l'évolution des capacités de résolution du conflit sont soumis à étude. La transformation du conflit résulte de l'implication des parties prenantes, de leur prise de conscience de restaurer la paix sociale et de l'appropriation du processus de transformation sociale par la définition des actions à réaliser de commun accord dans une structure d'encadrement des communautés en conflit et de suivi-évaluation. La production des connaissances communes et partagées vise à légitimer l'action de transformation du conflit et à minimiser les contestations populaires en vue de ressouder la cohésion intra ou interethnique.

La structure chargée de restaurer la paix sociale et d'assurer le suivi des recommandations est différemment dénommée par les artisans de paix. La dénomination change en fonction de la nature du conflit à résoudre, du contexte, de la motivation des initiateurs et du lieu à implanter la structure. Les noms des institutions sont : le Club d'écoute, le Cadre de dialogue et médiation, le Cadre permanent de paix, le Cadre de concertation inter communautaire, le Comité permanent de concertation, le Comité de paix, le Comité de conciliation inter communautaire, le Noyau de paix, etc. Ces dénominations d'institutions traduisent une même volonté et même objectif de former des unités de transformation des conflits, qui sont implantées par les artisans de paix dans leurs territoires respectifs[24]. Les unités de transformation des conflits installées à Bukavu et dans les territoires de Fizi et d'Uvira, par le Réseau d'innovation organisationnelle, comprennent : l'Arche d'alliance, l'Action pour le développement et la paix endogènes. Elles sont chargées, par exemple, de résoudre les conflits et de maintenir la cohésion sociale par le dialogue, la sensibilisation des populations, ceci en faisant des progrès significatifs pour se désolidariser des milices et groupes armés étrangers, à travers la promotion de la bonne gouvernance et l'opérationnalisation du plan d'action adopté, en mars 2010 à Bukavu, de dialogue intercommunautaire.

2.2 Les buts de la recherche action participative appliquée aux conflits

La Recherche action participative a été appliquée dans le domaine de développement rural[25] pour expliquer les causes du retard de dévelop-

---

[24]Bosco Muchukiwa Rukakiza et Claude Iguma Wakenge, *Canevas réaménagé pour la systématisation de la recherche action participative*, Inédit, Life & Peace Institute, Bukavu, février 2010, 16p.
[25]Sary Ngoy et Mumbu Mukuna Muntu, *Pour quelle théorie du développement rural ?*, dans *Cahiers du CERPRU*, 2è année, n°2, Bukavu, 1985, p.49-51.

pement entre deux entités rurales, entre deux groupements paysans et pour spécialiser les animateurs au développement en techniques de gestion des problèmes ruraux.

Pieter Vanholder et Jean-Louis Nzweve[26] situent l'origine de cette méthode dans les travaux de Paulo Freire, axés sur la pédagogie des populations opprimés au Brésil, en Amérique Latine, pour les conscientiser et développer leur conscience de se libérer eux-mêmes. Cette position n'est pas partagée par Liberata Nakimana, adjointe dans l'organisation Centre d'alerte et de prévention des conflits basée à Bujumbura au Burundi, qui soutient, que la recherche action participative est simplement née avec les travaux du psychologue Kurt Lewin après la seconde guerre mondiale en Amérique, pour expliquer les phénomènes d'exclusion sociale. La question de la genèse de cette méthode ne devrait pas provoquer de polémique, et nous ne l'avons pas développée dans la présente étude. Comme méthode de recherche participative, elle est connue sous plusieurs appellations, notamment de « Recherche action » tout court, de « Recherche opérationnelle », de « Recherche collaborative », de méthode « d'éducation fonctionnelle », de « Recherche action paysanne », etc. Les différentes appellations ne sont pas d'accord sur l'essence, l'originalité ou l'absolue unicité de la méthode. Mais elles ont la particularité de mettre en exergue trois aspects importants : l'apprentissage collectif ou la participation, l'action et le changement social. Ces trois aspects constituent les piliers de la recherche action participative qui est de prime abord une méthode de production des connaissances en science de développement rural en vue d'expliquer le retard et les disparités de développement entre collectivités locales.

---

[26]Pieter Vanholder et Jean-Louis Nzweve, *Actions et participation – la construction de la paix*, dans *New Routes*, Vol. 4, n°4/2013, p.15.

2.3 L'application de la recherche action participative aux conflits

Aujourd'hui, la recherche action participative est appliquée dans le domaine de transformation des conflits et de consolidation de la paix par l'Institut vie et paix, l'International Alert et Interpeace. Ces trois organisations internationales financent des ONG nationales au Burundi, en RD Congo et au Rwanda pour produire des connaissances sur les causes profondes, les acteurs clés et les dynamiques locales des conflits, dans la région des Grands Lacs africains. Les organisations nationales recrutent les chercheurs qui travaillent avec les points focaux basés dans des territoires et impliquent les communautés en conflits dans le processus de production du savoir ; d'où l'appellation *recherche* action participative appliquée aux conflits. Les ONG nationales qui l'appliquent sur les conflits sont : Réseau d'innovation organisationnelle, Action pour le développement et la Paix endogènes, Arche d'alliance, Action pour la paix et la concorde, Union paysanne pour le développement intégral au Sud-Kivu, Pole Institute, Centre d'études juridiques appliquées, Action solidaire pour la paix, Solidarité féminine pour la paix et le développement intégral au Nord-Kivu en R.D. Congo, Centre d'alerte et de prévention des conflits à Bujumbura au Burundi, Institut de recherche et le dialogue pour la paix, et enfin, Never Again Rwanda à Kigali au Rwanda.

Quatre principales raisons ci-après les motivent à appliquer la recherche action participative aux conflits :

- produire des connaissances en vue de la transformation pacifique des conflits ;
- avoir la connaissance approfondie sur les dynamiques locales des conflits pour proposer une réponse adaptée à la crise ;
- améliorer la qualité de l'action de transformation sociale ;

- développer le professionnalisme des acteurs de terrain[27].

Ces quatre raisons circonscrivent l'objet de la recherche action participative appliquée aux conflits. Elle est promue par les organisations internationales et nationales et se développe dans la région des Grands Lacs africains.

2.4 Les domaines d'application de la recherche action participative aux conflits

Au Sud-Kivu, la recherche action participative appliquée aux violences et conflits a été conduite dans les territoires de Fizi, Kabare, Kalehe, Uvira et Walungu. Ces territoires ont connu l'insécurité provoquée par les groupes armés étrangers et les milices. Aussi, ils sont caractérisés par les conflits intercommunautaires, les conflits fonciers, les conflits de territoire, les conflits de succession au pouvoir coutumier, les conflits d'exploitation artisanale des minerais, etc. Les organisations provinciales qui promeuvent la recherche action participative appliquée aux conflits dans les territoires énumérés ci-dessus ont produit des connaissances codifiées sous forme des rapports d'enquête inédits ou des ouvrages à large diffusion.

En 2008, par exemple, l'organisation dénommée Union paysanne pour le développement intégral a appliqué la recherche action participative à Nindja et à Kaniola pour démanteler le phénomène qualifié de Rasta, lequel était à la base des violences meurtrières et de l'insécurité

---

[27]Hélène Morvan, *Réinventer le quotidien. La cohabitation des populations civiles et des combattants Mai-Mai au Kivu*, Uppsala, Suède, Imprimé par Temdahls Tryckeri AB, Life & Peace Institute, 2005, pp.41-42.

persistante dans ces deux groupements des territoires de Kabare et de Walungu[28].

Le deuxième exemple concerne le Réseau d'innovation organisationnelle, l'Action pour le développement et la paix endogènes et l'Arche d'alliance pour illustrer notre analyse.

En 2011, ces trois organisations partenaires d'Institut vie et paix ont appliqué la recherche action participative sur les conflits locaux pour expliquer les connexions entre les milices opérant dans les territoires de Fizi et d'Uvira, au Sud-Kivu, et les groupes armés étrangers dans la région des Grands Lacs africains. Leurs études a le mérite de cerner un aspect qui amplifie les conflits interethniques dans les territoires ci-dessus[29].

Le troisième exemple décrit l'expérience de l'organisation dénommée Action pour la paix et la concorde pour avoir réalisé en 2012 le processus complet de la Recherche action participative en vue d'expliquer les moteurs des conflits fonciers et les dynamiques de cohabitation en territoire de Kalehe[30].

Le quatrième exemple est de 2016 et concerne deux organisations respectivement dénommées Union paysanne pour le développement intégral et Solidarité des femmes activistes pour la défense des droits humains qui ont pratiqué la recherche action participative pour expliquer

---

[28]Lire pour le détail, Union paysanne pour le développement intégral (UPDI) et Institut vie et paix, *Violence et insécurité à Nindja/Kaniola : le phénomène RASTA*, Inédit, *Rapport de recherche*, Bukavu, novembre, 2008, 75p.

[29]ADEPAE, Arche d'alliance, RIO et Life & Peace Institute, *Au-delà des « Groupes armés ». Conflits locaux et connexions sous régionales. L'exemple de FIZI et UVIRA (Sud-Kivu, RDC)*, Série des Grands Lacs, Kalmar, Suède, Imprimé par Lenanders Grafiska, Life & Peace Institute, 2011, 159p.

[30]APC et Life & Peace Institute, *Conflits fonciers et dynamique de cohabitation en territoire de KALEHE*, Sud-Kivu, Est de la RDC, Série des Grands Lacs, Kalmar, Suède, Imprimé par Lenanders Grafiska, Life & Peace Institute, 2012, 53p.

le lien entre la gestion foncière et la sécurité de la femme en territoire d'Uvira[31].

Le dernier exemple est celui d'Interpeace qui travaille avec ses partenaires au Burundi, en R.D. Congo et au Rwanda dans le programme régional en vue de promouvoir le dialogue transfrontalier entre les populations de ces trois pays. La particularité de son programme régional est d'appliquer la recherche action participative sur les questions foncières en lien avec la mauvaise gouvernance. Ce programme inclut les perceptions, les manipulations politiciennes et identitaires, et le contrôle du pouvoir comme variables explicatives des cycles de violences ; il a pour objectif d'organiser l'éducation des jeunes à la paix pour prévenir les conflits. L'Interpeace a produit des résultats se rapportant à la recherche action participative sous la forme de rapports qui ne sont pas référencés dans la présente étude.

Ces différents exemples, qui ne sont pas uniques, montrent que la recherche action participative appliquée aux conflits est entreprise par les organisations nationales avec des budgets précis. Il s'agit du financement des organismes internationaux tels que le PNUD, l'Institut vie et paix, l'Interpeace et l'International Alert. Ce dernier a publié à Londres en juin 2015 le rapport intitulé *La Recherche action participative : une méthode pour rétablir les liens sociaux fracturés*. Ce rapport décrit les étapes d'une recherche action participative et ses applications sur les conflits fonciers durcis par le refus de payer les redevances coutumières dans les territoires de Beni et Masisi au Nord-Kivu. Les mêmes étapes de la Recherche action participative sont reprises dans le rapport sur les contrats sociaux[32].

---

[31] SOFAD et UPDI, *Rapport de la recherche action participative sur la gestion foncière et son impact sur la sécurité de la femme en territoire d'UVIRA*, Inédit, Bukavu, Mars, 2016, 165p.

[32] PNUD et International Alert, *Bâtir sur les nouvelles bases grâce à une approche participative. Rapport sur les contrats sociaux*, Goma, juin, 2015, pp. 7-11.

À ce sujet, l'Institut vie et paix a publié un article qui n'est pas sans lien avec la recherche action participative appliquée aux conflits. Le titre est évocateur et semble promettre davantage que la transformation de conflit : *Vers de nouvelles approches de paix en R.D. Congo. L'exemple du Life & Peace Institute aux Kivu.* Nous nous réservons de le commenter, car la restauration de la paix dans un pays est dépendante de plusieurs facteurs endogène et exogène (politique, économique, social, culturel, psychologique, international, etc.), et de l'implication de nombreux acteurs qui influent sur les environnements local et global. Dans cette publication, les auteurs présentent la mission de l'Institut vie et paix, ses réalisations en R.D. Congo et les raisons qui légitiment l'application de la recherche action participative à la transformation des conflits.

Ces différentes productions des acteurs nationaux et internationaux sont-elles réellement scientifiques? Les réponses à cette question sont divergentes et soulèvent des polémiques quant à la procédure et à la validité des données récoltées. Le problème lié au statut scientifique des données réunies par cette technique est délicat. À notre avis, c'est un faux débat, car les données brutes réunies par cette méthode sont retravaillées par le chercheur ou l'équipe de recherche qui les intègre dans une théorie pour les rendre intelligibles. La vérification ou la censure des données récoltées procède de quatre étappes qui consistent à faire la revue documentaire, à analyser les données, à faire les restitutions aux enquêtés et à valider les résultats par deux ou trois spécialistes du domaine, qui sont des membres du groupe de travail. Le débat est et reste ouvert à ce propos selon les pratiques et les convenances scientifiques des uns et des autres.

2.5 Les étapes d'une recherche action participative appliquée aux conflits

Les étapes de la recherche action participative appliquée aux conflits soulèvent trois problèmes. Le premier est que les organisations internationales qui promeuvent cette méthode dans la région des Grands Lacs africains ne s'accordent pas sur ses étapes. Le consensus manque, notamment, sur les étapes les plus importantes et transversales. À ce propos, de ce premier point dérive le second, lié au processus de récolte des données primaires. L'International Alert retient dans la publication précitée deux grandes étapes, à savoir la collecte des données et le dialogue communautaire pour aboutir à restaurer la cohésion et la paix sociales. L'étape de collecte des données comporte six phases intermédiaires, entre autres la préparation de la recherche action participative, la collecte des données, la revue documentaire, les groupes de discussion, les entretiens avec les personnes ressources et l'analyse des données. L'étape de dialogue communautaire est constituée de cinq phases transitoires suivantes : la restitution des résultats de la recherche action participative, les micro-dialogues communautaires, les dialogues communautaires, les fora et le contrat social. À chaque étape, il est prévu la production d'un rapport pour documenter le processus de la recherche action participative appliquée aux conflits.

Pieter Vanholder et Jean-Louis Nzweve, dans leur article déjà cité, mentionnent quatre étapes, à savoir l'analyse du contexte, la recherche-analyse, les dialogues et les actions pour la transformation sociale.

En juillet 2014 à Bujumbura, Liberata Nakimana de l'organisation dénommée Centre d'alerte et de prévention des conflits a indiqué que l'Interpeace exige à ses partenaires d'observer six étapes (la conception de l'étude, la consultation des personnes directement concernées, l'analyse des données, la validation et la diffusion d'information, la planification et la mise en œuvre de l'action fonctionnelle, la réflexion sur des résultats). Elles sont présupposées pour effectuer la recherche action participative. Pour les débutants, c'est difficile de se retrouver aisément dans ce labyrinthe. Les étapes communes suivantes peuvent servir de repères afin de réaliser le cycle complet de la recherche action participative appliquée aux conflits, d'un bout à l'autre, avec succès et efficacité. Il s'agit de :

- l'analyse de contexte ;
- l'identification des facteurs majeurs et des acteurs clés dans les conflits ;
- l'analyse de la dynamique des conflits ;
- la production des rapports intermédiaires ;
- l'organisation des dialogues intra et intercommunautaires ;
- la définition des actions pour consolider les dialogues communautaires ;
- l'installation des comités locaux de suivi des engagements et des actions de transformation des conflits ;
- le renforcement des capacités des unités de transformation des conflits.

Ces différentes étapes ci-dessus qu'elles soient détaillées ou synthétisées ne correspondent pas à une démarche de recherche scientifique[33]. Quelle est la valeur heuristique de la Recherche action participative appliquée aux conflits ? Quelques analystes minimisent sa capacité de découverte de nouvelles connaissances quant à sa théorie de transformation des conflits à essence plus pratique que théorique. C'est le troisième

---

[33] Liberta Nakimana a établi la différence suivante : La recherche scientifique est menée par les institutions de recherche, les universités, les chercheurs, … pour améliorer les connaissances sur une question donnée. Les résultats sont publiés en vue d'être partagés par les scientifiques et les chercheurs. En revanche, la recherche action participative est effectuée par des personnes affectées par un problème dans l'objectif de le résoudre. Le rapport indiquant les actions à réaliser est destiné à la population concernée par le problème. Cette distinction est discutable en ce qui concerne les destinataires et la finalité.

problème que nous relevons à ce niveau d'explication. Nous établissons le lien entre la recherche action participative et la théorie de transformation des conflits ci-après.

2.6 La recherche action participative et la théorie de transformation des conflits

La recherche action participative appliquée aux conflits est au service de la théorie de transformation des conflits. Celle-ci a été développée par Lederach[34] ainsi que nous l'avons présenté. Nous avons détaillé dans la partie précédente comment elle est différemment appliquée au Nord-Kivu, au Sud-Kivu ainsi que dans la région des Grands Lacs africains. Nous pouvons brièvement, en rappeler les postulats de base suivants. Lederach écrit que « *le conflit est une dynamique continuelle normale au sein des relations humaines. Il est à la fois un catalyseur potentiel de croissance et un moteur de changement. La transformation de conflit est une manière de regarder et de voir* ».

La théorie de transformation des conflits explique les manières d'utiliser les capacités endogènes et exogènes pour aboutir au changement de la situation. C'est ce qui est fait par les différentes organisations citées dans cet ouvrage. La théorie de transformation des conflits a été interprétée, adaptée et appliquée par ICCO, Search for Common Ground, Life & Peace Institute, International Alert, Interpeace, etc. Pour ces organisations, la recherche action participative appliquée aux conflits est au service de la théorie de transformation des conflits. Celle-ci postule que le conflit détruit le capital social, mais offre des opportunités à partir desquelles des communautés peuvent ressouder leur cohésion sociale. D'abord, elles sont capables de développer une compréhension commune sur la source et l'objet de leur conflit à partir d'une recherche

---

[34]John Paul Lederach, *The little book of conflict transformation. Clear articulation of the guiding principles by a pioneer in the field,* The United States of America, Good Books, Intercourse, 2003, 74p.

action participative. Ensuite, elles ont des potentialités pour construire des solutions efficaces et appropriées. Enfin, elles sont capables de définir des actions pour la transformation sociale et de les appliquer de manière consciente ou inconsciente. Le parcours a donc trois repères importants : la compréhension du conflit dans ses différents contours, la définition des actions à entreprendre et le changement social à opérer à court, moyen ou à long terme. C'est dans cette compréhension que la théorie de transformation des conflits a été vulgarisée par les organisations internationales au Nord-Kivu et au Sud-Kivu à l'Est de la R.D. Congo et dans la région des Grands Lacs africains.

Nous analysons quelques expériences relatives à la production des connaissances comme moyen efficace pour la transformation des conflits. La stratégie est connue sous l'appellation de la recherche action participative appliquée aux conflits. Prônée et promue par les organisations internationales et nationales, elle vise à améliorer le niveau de connaissance commune sur la dynamique des conflits, à prévenir les résistances à la recherche d'une alternative constructive et à stimuler les parties en conflit à déceler les divergences susceptibles de faire objet d'une médiation.

Les vulgarisateurs de cette démarche sont le consortium (USAID, IRC et IA) et l'Institut vie et paix installé à Bukavu depuis 2002. Ce dernier a financièrement appuyé l'Union paysanne pour le développement intégral en vue de démanteler le phénomène Rasta à la base des violences et violations des droits humains dans les groupements de Nindja et de Kaniola[35] dans les territoires de Kabare et Walungu.

Dans le même ordre d'idées, l'Institut vie et paix a soutenu financièrement et sur le plan organisationnel l'Action pour le développement et

---

[35] Union Paysanne pour le Développement Intégral (UPDI) et Institut Vie et Paix (IVP), *Violence et insécurité à Nindja/Kaniola : le phénomène RASTA*, Inédit, *Rapport de recherche*, Bukavu, novembre 2008, 75p.

la paix endogène, l'Arche d'alliance et le Réseau d'innovation organisationnelle en vue de transformer les conflits qualifiés d'interethnique et de transhumance dans les territoires de Fizi et Uvira. La démarche suivie est la recherche action participative appliquée aux conflits. Elle a été dupliquée par l'Action pour la paix et la concorde et la Solidarité des femmes activistes pour la défense des droits humains pour transformer les conflits fonciers dans les territoires de Kalehe et d'Uvira. Dans tous les cas, ces organisations visent à développer une compréhension commune sur les causes profondes et structurelles du conflit, les acteurs clés, l'évolution du conflit, les facteurs d'escalade et les modes de résolution qui ont été appliqués au fil des années. Le développement d'une compréhension commune exige d'impliquer les parties en conflit pour les inciter à trouver des actions à poser, à s'approprier le processus de transformation de conflit par la création des cadres de concertation. Ces derniers représentent des potentiels chargés de définir les actions à réaliser, de faire le suivi et d'organiser le dialogue pour prévenir les tensions et les crises susceptibles d'affecter la cohésion interethnique.

En mars 2010, l'Institut vie et paix et ses partenaires (ADEPAE, ARAL et RIO) ont organisé au Centre spirituel Amani à Bukavu le dialogue intercommunautaire. Ce dialogue a concerné les Babembe, Bafuliiru, Banyamulenge et Bavira. Pendant cinq jours, les délégués de ces quatre communautés en conflit ont échangé sur leurs cahiers de charge en présence des représentants de l'État congolais et des ONG internationales. Le dialogue fut placé sous la modération d'une personnalité neutre pour récréer la confiance et renouer les relations entre les communautés. Pour les consolider, il fut créé des cadres de concertation à Bukavu, Uvira, Baraka et Minembwe chargés de cimenter la cohésion interethnique et de faire le suivi du plan d'action défini à la table ronde.

Depuis 2011, Interpeace[36] finance les organisations partenaires dans les États des Grands Lacs africains pour contribuer à la paix et à leur stabilité, pour combattre les rumeurs et les stéréotypes comme deux sources des conflits entre les États. La stratégie adoptée pour consolider la paix et la cohésion transfrontalières est axée sur la Recherche action participative, l'éducation des jeunes à la paix, la vulgarisation des symboles de paix, les plaidoyers, les rencontres, les fora de haut niveau, le sport pour la paix, la plantation des arbres de paix et la création des structures transfrontalières pour promouvoir le dialogue, adresser les racines des conflits identitaires et poser des actions de leur transformation pour la concorde et la paix transfrontalières[37].

En 2018, USAID, IRC et International Alert ont formé le consortium pour financer des partenaires provinciaux en vue de contribuer à la consolidation de la cohésion sociale. Les approches adoptées pour y parvenir sont entre autres le renforcement des capacités, les recherches, les plaidoyers et le travail en réseau impliquant les universités et les ONG.

Ces différents exemples analysés ci-dessus confirment la thèse de la multiplicité des intervenants. Ceux-ci incluent : Innovation et formation

---

[36] Bureau régional d'Interpeace pour l'Afrique de l'Est et du Centre, rapport sur manipulation, des identités et stéréotypes : Enjeux et défis pour la paix dans la région des Grands Lacs, Nairobi Kenya, Interpeace, Octobre 2013, 65p. Les partenaires de cette organisation sont : Centre d'alerte et de prévention des conflits (CENAP) à Bujumbura au Burundi, Institut de recherche et de dialogue pour la Paix (IRDP) à Kigali au Rwanda, Centre d'études juridiques appliquées (CEAJA) à Butembo et Pole Institute à Goma au Nord-Kivu, RDC, et Action pour la paix et la concorde (APC) et Réseau d'innovation organisationnelle (RIO) au Sud-Kivu en RDC.

[37] Le directeur général et professeur Bosco Muchukiwa Rukakiza a contribué au mot d'accueil des autorités provinciales et des invités à la cérémonie de plantation des arbres de paix au campus de l'Institut en vue de promouvoir la cohésion et la paix transfrontalières entre les Burundais, les Congolais et les Rwandais, Bukavu, le 5 novembre 2016, 3p.

pour le développement et la paix, Initiative congolaise pour la justice et la paix, Institut supérieur de développement rural de Bukavu, CARITAS, Centre OLAME, Institut supérieur pédagogique de Bukavu, Action pour le développement et la paix endogènes, Caucus des femmes, Université évangélique en Afrique, Arche d'alliance, Réseau d'innovation organisationnelle, Action pour la paix et la concorde, Union paysanne pour le développement intégral, Solidarité des femmes activistes pour la défense des droits humains, et bon nombre des Comités locaux de développement et paix. Doit être particulièrement rappelé l'importance de développer le travail en réseau pour adresser les conflits politiques dans la ville de Bukavu, afin de prévenir les conflits interethniques. Ceux-ci apparaissent dans les territoires de Fizi et d'Uvira et sont traités par la sécurisation foncière. Doivent également être mentionnés les conflits sociaux à Mbinga Nord dans le territoire de Kalehe, à Ishungu et à Lugendo dans le territoire de Kabare. Dans ces cas on répond par l'analyse du contexte, l'actualisation des conflits, leur analyse et priorisation sur base de la recherche action participative appliquée aux conflits. Bref, la théorie de transformation des conflits dans les territoires de Fizi, Kabare, Idjwi, Kalehe, Mwenga, Uvira et Walungu n'est pas une formule dominante, car il existe des innovations, c'est-à-dire des variantes originales pour transformer les conflits intercommunautaires, fonciers, de transhumance et de succession au pouvoir coutumier comme cela est expliqué dans la partie suivante.

2.7 Les faiblesses de la recherche action participative appliquée aux conflits

Les mérites de *la recherche action participe* sur les conflits ne sont pas valorisés dans le milieu universitaire. La plupart des analystes évoquent, au premier plan, ses limites quant à sa capacité de découverte et d'explication des faits sociaux, notamment les conflits.

La première faiblesse essentielle est axée sur sa capacité explicative, ce qui ressort de la plupart des documents consultés. Les critiques soutiennent que les partisans de cette méthode exploitent peu la documentation sur les conflits et travaillent avec des hypothèses implicites.

À notre connaissance, elles ne sont pas discutées par les chercheurs dans les publications lues. Ces derniers se fient surtout à la théorie de transformation des conflits à l'exclusion des autres théories qui puissent exister sur les conflits notamment la théorie marxiste, la théorie identitaire des conflits, la théorie de formation de l'État, la théorie normative d'Émile Durkheim, etc. Les recherches menées avec les parties en conflit visent à trouver des solutions pratiques pour le changement social. L'action prime donc sur l'explication des faits sociaux.

La deuxième limite porte sur la représentativité de la communauté. Au Sud-Kivu, la recherche action participative appliquée aux conflits a fourni des données qualitatives importantes à partir desquelles il a été possible de publier des ouvrages sur les conflits, sur la gouvernance des ressources naturelles, l'insécurité et les violences, la dynamique des conflits fonciers et la connexion avec les groupes armés, etc. Les praticiens de la recherche action participative appliquée aux conflits constituent un petit échantillon d'individus qu'ils supposent représenter la communauté. Par cette sélection, se pose le problème de la réduction, de la légitimité et du mandat des membres de l'échantillon, capables de parler au nom de toute la communauté, sur cette question sensible qu'est le conflit. La sensibilité réduit les marges d'étendre la restitution d'ailleurs à la communauté entière. Ces différents éléments permettent de faire comprendre qu'il y a la question de la représentativité et celle éthique et qu'elle ne sont pas résolues par la recherche action participative sur les conflits. Les élites dans les ONG qui comprennent les enjeux de cette recherche s'approprient le processus pour légitimer leur position sociale et capter les opportunités financières.

La troisième et dernière faiblesse est la dilution de la théorie de changement social dans celle de transformation des conflits, sans contour théorique précis. Le cadre conceptuel n'est pas bien défini, y compris les concepts opératoires en la matière. Cet ouvrage a clarifié quelques concepts. La critique des sources écrites n'est pas élaborée et systématique ; les théories explicatives demeurent donc floues. La dimension théorique est minimisée au profit de l'action de transformation sociale. Ces trois lacunes sont essentielles mais ne sont pas exhaustives. À ce propos, Philippe Kaganda Mulume-Oderhwa[38] ajoute l'exclusion de l'option de la guerre comme stratégie des acteurs en vue d'atteindre leurs objectifs, l'absence de monopole de la contrainte pour faire respecter les engagements des communautés en conflit, l'incapacité d'accroître leur potentiel et leur marge de négociation avec les pouvoirs publics, et enfin il pointe l'inefficacité de mobiliser les groupes armés étrangers et les milices autour du dialogue social pour restaurer la cohésion sociale et l'autorité de l'État congolais.

---

[38] Philippe Kaganda Mulume-Oderhwa, *Mouvement Maï-Maï et participation politique au Sud-Kivu. Contribution à la critique de la sociologie de la paix en société post-conflit*, inédit, Thèse de doctorat, Université Officielle de Bukavu, Faculté des Sciences Sociales, politiques et Administratives, Département de sociologie, année académique 2012-2013, pp. 374-381.

3

LA RÉSILIENCE
ET LES CONFLITS AU SUD-KIVU

Lederach s'est gardé d'employer le concept de résilience, cependant, il utilise les expressions apparentées et synonymes de résilience, à savoir le potentiel du changement constructif, développer des capacités, développer des réponses transformationnelles, avoir une capacité de considérer des multiples avenues de réponse[39], etc. Pour lui, une approche transformationnelle du conflit est une réponse ou une capacité stratégique à court, à moyen ou à long terme, susceptible de générer ou de régénérer le processus de changement constructif, de prévoir des solutions durables, d'intégrer les dilemmes, c'est-à-dire des contradictions, de rendre compte de la complexité en vue d'adresser la conflictualité liée à l'identité, à l'injustice, à la défaillance de la gouvernance. Compris dans ce sens large, la notion de résilience traduit une capacité que chaque peuple a inventé au cours de son existence historique pour agir sur des crises, y répondre de manière efficace et appropriée en vue de maintenir

---

[39] J. P. Lederach propose de développer cinq types de capacités, à savoir la capacité de voir les problèmes présents, la capacité d'intégrer plusieurs délais (le temps), la capacité de considérer les contradictions comme des potentialités, la capacité de reconnaître la complexité et la capacité de discerner l'identité comme épicentre de la plupart des conflits. Les autres expressions que l'auteur utilise pour signifier la résilience sont : « avancer vers la pratique, développer les plans spécifiques, les réponses stratégiques et adaptées aux conflits, une perspective transformationnelle, solutions créatives, solutions opérationnelles, plateforme responsable et adaptée à la transformation de conflit, plan stratégique, initiatives multiples interdépendantes, réponses instinctives et les actions qui créent le changement, initiatives de la paix, capacité de paix, créer des espaces d'échange et de dialogue, capacité de penser et de répondre d'une manière transformationnelle au conflit, structures de soutien, forum, comité consultatif », etc.

son unité et la cohésion sociale. Les capacités individuelles ou collectives qu'il déploie, sont puisées dans son patrimoine culturel et servent à atteindre l'objectif global ci-dessus.

Tout groupe humain confronté aux difficultés est capable d'inventer ses propres stratégies ou de recourir à l'extérieur, de reproduire des réponses existantes dans son environnement immédiat ou médiat en vue de les affronter et de les résoudre, et de se projeter dans le futur proche ou lointain. Cette capacité de rebondir, de récupérer, d'agir et de se projeter dans le futur à partir des réponses individuelles ou collectives, passées ou récentes, endogènes ou exogènes est appelée *résilience*. Entendue dans ce sens, aucun peuple ne peut nier la capacité de l'autre d'agir sur son environnement pour se maintenir, survivre et se reproduire.

Agir introduit une dimension pratique de la résilience. Celle-ci est reconnaissable à chaque peuple comme capacité créatrice des solutions aux crises sociales, culturelles, religieuses, économiques, politiques, sanitaires et environnementales. À l'égard de ce petit cadre théorique, nous présentons des données sur le passage du concept de résilience en transformation des conflits, les applications et leurs faiblesses.

3.1 Le passage du concept de résilience en transformation des conflits

Comme cadre explicatif des faits, le concept de résilience a été appliqué en physique des matériaux[40]. Au fil du temps, le concept a gagné

---

[40] Kouamekan J. M. Koffi, *Résilience et sociétés : concepts et applications* dans Éthique et économique/Ethics and Economics, 11(1) 2014, http://ethique-economique.net/, pp.2-8. La définition et l'histoire de l'extension du concept de résilience dans les autres sciences sont développées par Benoît Lallau, Perrine Laissus-Benoist, Emmanuel Mbetid-Bessane, Eric Boutin, Joseph Moukarzel, Stéphane Amato, Elisabeta Gadioi, Michel Durampart dans les articles retrouvables au site indiqué ci-haut et intitulés respectivement *Introduction : la résilience peut-elle passer de la théorie aux pratiques ?, Observer la résilience*

petit à petit les champs en écologie[41], en médecine, en agronomie, en psychologie, en démographie, en sociologie, en économie et en sciences de développement. Aujourd'hui, son application est devenue très large. Le concept de résilience est transversal et s'applique dans le domaine de transformation des conflits. Le raisonnement sous-jacent postule que le conflit est et représente une manifestation selon la plupart des analystes une crise ou un choc qui stimule la communauté à rebondir, à s'adapter et à réagir pour ne pas disparaître. L'adaptation suppose avoir la capacité d'ajustement pour résister et dépasser la crise.

Le concept de résilience est appliqué en 2014 à l'analyse des conflits perçus comme des crises qui ont sévi en Côte d'Ivoire et au Rwanda, en 2019 dans la région des Grands Lacs africains. Ces travaux illustrent deux moments qui se succèdent notamment la consolidation de la cohésion nationale et la perte de celle-ci. D'après ces travaux, la cohésion nationale peut réussir ou échouer, elle peut être maintenue par des politiques bien pensées et appliquées par des technocrates. En revanche, elle peut être détériorée par des facteurs internes ou externes qui entraînent le pays dans une crise sans précédent. Ce contraste suscite quelques interrogations. Quels sont les facteurs qui contribuent au maintien ou à la détérioration de la cohésion nationale ? L'article de Kouamekan J. M. Koffi et ses collaborateurs répond à cette question. Les autres éléments de réponse sont fournis par l'analyse de Michel Garenne et Enéas Gakusi qui révèlent, à partir du cas du Rwanda, que la résilience peut réussir ou échouer. Par leur analyse, ils appellent à relativiser cette notion de résilience, car dans certains cas, il y a des situations de non récupération

---

rurale. *Réflexions théoriques et application dans les campagnes centrafricaines*, *La résilience, moyen et fin d'un développement durable ?*, *Résilience communautaire : le cas du Liban* pour en savoir davantage.

[41] Voir aussi le livre de Jules Basimine, Célestin Katcho Karume et Marie-Noël Cikuru sur *Résilience aux catastrophes naturelles et d'origine anthropique en République Démocratique du Congo*, Louvain-La-Neuve, Belgique, Academia-L'Harmattan, 2018, 247p.

par effets de cohorte et dans d'autres cas, la résilience est complète. La résilience, qu'elle soit endogène ou exogène, ne garantit pas la récupération ou la réconciliation à cent pour cent.

À ce propos, les perceptions varient selon les habitants d'un État à l'autre. Quelles sont leurs perceptions dans la région des Grands Lacs africains sur la réussite ou l'échec de la résilience endogène ou exogène ? Les résultats de la recherche menée par l'ONG internationale dénommée Interpeace et ses partenaires répondent à cette question et permettent de comprendre que les capacités de résilience sont différemment perçues par les bénéficiaires. Leurs perceptions sont à géométrie variable parce qu'elles sont largement influencées par l'évolution du contexte, le niveau d'instruction, le genre, le milieu de vie, l'âge et la stabilité des institutions politiques.

Les études de perceptions des capacités de résilience qui sont menées dans la région des grands lacs africains par l'Interpeace et ses partenaires manquent la profondeur. Elles doivent être enrichies par des études anthropologiques et sociologiques qui portent sur des pratiques de résilience qui, malheureusement, manquent jusqu'à ce jour.

Dans le même angle, l'étude menée par les chercheurs Murhega Mashanda et Kitoka Moke Mutondo n'apporte non plus d'éclairage à ce propos, car elle est axée sur la transhumance dans les territoires de Fizi et d'Uvira. Leur étude sectorielle appuie et confirme les analyses de John Paul Lederach lorsque les auteurs proposent, pour réussir la réconciliation dans les territoires de Fizi, Mwenga et Uvira, de privilégier la résilience endogène, de restaurer la justice, de traiter la question identitaire, de refonder l'autorité de l'État congolais et d'intégrer les approches culturelles traditionnelles de transformation des conflits.

Les études évoquées ci-dessus ne traitent donc pas la dynamique des pratiques de résilience. Quelle est leur dynamique au Sud-Kivu ? Cet aspect est d'abord analysé sur base des conflits qui ont éclaté dans le village de Mutarule, dans les moyens et les hauts plateaux de Fizi,

Mwenga et Uvira. Ensuite, l'analyse est focalisée sur les conflits de succession au pouvoir coutumier traditionnel qui se sont produits dans les groupements et les Chefferies du Sud-Kivu en R.D. Congo. Enfin, la dynamique des pratiques de résilience est ressortie des conflits dits de cohabitation entre le Parc National de Kahuzi-Biega et les populations riveraines.

L'objectif de faire cette analyse est de montrer que les capacités de résilience ne sont pas des réponses pratiques miracles. Elles présentent des limites si elles ne tiennent pas compte des enjeux fondamentaux des conflits au cours de leur histoire. Les initiatives de résilience peuvent s'enrouler les unes après les autres sans aboutir à la réconciliation, ni combattre les inégalités et les injustices sociales parce que les termes du conflit sont mal posés et approchés.

3.2 L'application du concept de résilience aux conflits

Les applications du concept de résilience aux conflits sont peu nombreuses. Il existe un contraste, car quelques analystes l'appliquent de manière implicite. D'autres l'expriment de manière explicite. Les cas présentés dans la présente analyse entrent dans le dernier paquet.

Les analyses de Kouamekan J. M. Koffi et ses collaborateurs[42] sur la Côte d'Ivoire montrent que le pays a pu, de 1960 à 1980, maintenir sa cohésion nationale suite à sa croissance économique (investissement, politiques économiques basées sur l'agriculture et l'agro-industrielle, les travaux d'infrastructures et de désenclavement régional) et la stabilité politique. De 1980 à 2011, cette cohésion nationale s'est délitée par les mouvements migratoires en provenance des pays voisins, par les conflits fonciers entre les autochtones et les allogènes, par la crise économique

---

[42] Kouamekan J. M. Koffi, Mama Ouattara, Jérôme Ballet, François-Régis Mahieu, *Résilience et équilibres en Côte d'Ivoire post-crises*, dans *Éthique et économique/ Ethics and Economics, 11(1),* 2014, pp. 29-43.

(endettement, baisse de la croissance économique), le multipartisme, le gaspillage des ressources rares, le développement des inégalités sociales, le taux élargi de pressions communautaires.

Les crises en Côte d'Ivoire ont occasionné la perte de sa capacité de maintenir sa cohésion nationale suite aux chocs économiques de 1980 à 1994 et sociopolitiques de 1994 à 2011. Les différentes crises ont été caractérisées par la pauvreté, le chômage, l'instabilité politique et institutionnelle et la crise post-électorale de novembre 2010. Pour ressouder l'unité nationale, les auteurs proposent de développer une justice équilibrée (reconnaissance politique de la situation existante, établissement des politiques publiques qui favorisent la réparation et la compensation, offre d'une justice équitable), la guérison de la souffrance et le pardon des auteurs de la crise et l'implication des communautés d'appartenance et d'adhésion à la recherche et au maintien de la cohésion sociale.

D'après ces études, la résilience peut réussir ou échouer, elle peut être garantie ou non par des bonnes politiques, des performances économiques, de l'aide internationale et les compétences du personnel médical. L'étude des crises politiques de 1990 à 1999 au Rwanda faite par Michel Garenne et Enéas Gakusi[43] montre que l'État a failli à sa mission régalienne et la cohésion nationale a été détériorée par les guerres. Malgré cet état de faillite, le gouvernement rwandais post génocide est parvenu à la reconstruire grâce à la restauration de l'autorité publique, à la restructuration de la gestion de l'État et à l'aide internationale. Les deux analystes louent ces efforts et constatent que les inégalités sociales persistent suite aux effets liés au génocide, à la pauvreté et aux conflits interethniques. La résilience n'est pas totale mais a échoué dans le cas de l'instruction et de la taille des femmes. L'analyse démographique dégage une situation de non-résilience, c'est-à-dire de perte nette, de

---

[43] Michel Garenne et Enéas Gakusi, *La résilience du Rwanda aux chocs des années 1990 : une perspective démographique*, dans *Éthique et économique/ Ethics and Economics, 11(1)*, 2014, pp. 16-28.

non récupération pour certaines cohortes. Sur le plan de la mortalité et de fécondité, c'est le contraire, car la résilience est complète. Le contraste relevé par ces deux analystes ne dégage pas les perceptions des populations sur les capacités de résilience.

L'étude menée par Interpeace et ses partenaires[44] dégage les perceptions des populations du Burundi, du Rwanda et celles de l'Est de la R.D. Congo sur les capacités individuelles, relationnelles, culturelles et institutionnelles. Cette étude est la première de ce genre qui montre que les capacités de résilience existent dans les trois pays ci-dessus et sont interdépendantes. Les capacités de résilience auxquelles recourent les individus, les communautés, les États et leurs partenaires sont plurielles et diversifiées pour surmonter les crises et résoudre les conflits en vue d'aboutir à la réconciliation. Le partage d'expériences, l'assistance mutuelle, les contacts, les échanges intercommunautaires et transfrontaliers, les mariages interethniques, la commission d'enquête judiciaire internationale, la commission nationale pour la vérité et la réconciliation, le programme de stabilisation et de reconstruction, le programme de Désarmement, démobilisation et réinsertion, les chambres foraines, les organisations régionales, le projet de facilitation du commerce transfrontalier pour la paix et la plateforme des autorités locales des pays des grands lacs africains, etc. sont énumérés et non détaillées.

Les auteurs quantifient les perceptions sans les décrire, les analyser et sans expliquer comment les capacités quantifiées interviennent pour ressouder la cohésion ou comment elles ont échoué pour restaurer la réconciliation en ce qui concerne les conflits fonciers, les conflits conjugaux, les conflits d'héritage en familles et les conflits intercommunau-

---

[44] Interpeace, APC, CENAP, CEJA, Harvard Humanitarian Initiative (HHI), Never again Rwanda, Pole Institute et RIO, *Résilience pour la réconciliation dans la région des grands lacs. Dialogue transfrontalier pour la paix dans la région des Grands Lacs*, version provisoire- non encore autorisée pour distribution ou reproduction, juin 2019, 169p.

taires. Les auteurs sont dubitatifs au sujet des principales approches qui sont, jusqu'à présent, utilisées notamment le dialogue, la médiation, l'arbitrage et le pardon, car les résultats sont mitigés. Pour renforcer la cohésion transfrontalière, les auteurs suggèrent de développer l'éducation à la paix, d'étendre les structures de médiation inclusives et de combattre les rumeurs par les médias neutres et impartiales.

L'inefficacité des approches de réconciliation est examinée dans l'étude menée par Murhega Mashanda et Kitoka Moke Mutondo[45] sur la transhumance dans le territoire de Fizi à l'Est de la R.D. Congo. Ces deux analystes montrent que la Commission vérité et réconciliation, l'Action pour le développement et la paix endogène et le Réseau d'innovation organisationnelle ont échoué dans leurs approches de réconciliation des communautés. Les sept approches que ces trois structures ont appliquées pour consolider la paix sociale, à savoir la recherche action participative, la sensibilisation, le lobbying et le plaidoyer, la médiation, le dialogue, la transformation du contexte producteur du conflit et la vulgarisation des lois ont échoué à reconstruire la cohésion sociale et à réduire les impacts des conflits. Les deux analystes expliquent cet échec par trois facteurs majeurs dont le manque d'implication délibérée des pouvoirs publics, l'extorsion du dialogue par les médiateurs et la partialité des organisations chargées de conduire le processus de réconciliation.

Pour reconstruire et consolider la cohésion sociale, Murhega Mashanda et Kitoka Moke Mutondo proposent de responsabiliser les acteurs des conflits eux-mêmes le processus de réconciliation, de traiter la question identitaire, de restaurer la justice et l'équité dans la réparation des préjudices causés par les conflits intercommunautaires et armés, de refonder l'État congolais et d'intégrer les pratiques culturelles tradition-

---

[45] Murhega Mashanda et Kitoka Moke Mutondo, *Opportunité et défis de la réconciliation à l'Est de la RDC. Cas des conflits liés à la transhumance en territoire de Fizi et d'Uvira*, Genève, Globethics.net, Focus n° 54, 2019, 65p.

nelles de réconciliation dans le processus d'établissement de la paix sociale. Ces deux analystes soutiennent que ce paquet d'outils peut suppléer aux limites que représentent les capacités de résilience appliquées aux conflits.

3.3 Les faiblesses des capacités de résilience

Nous décrivons quelques faiblesses des paquets de résilience en ce qui concerne les conflits majeurs qui sont fréquents au Sud-Kivu, notamment les conflits de territoire dans les moyens et les hauts plateaux de Fizi, Mwenga et Uvira, les conflits de succession au pouvoir coutumier traditionnel qui éclatent dans les groupements et les Chefferies, les conflits de cohabitation entre le Parc National De Kahuzi-Biega et les peuples autochtones Pygmées et les conflits intercommunautaires à Mutarule dans le territoire d'Uvira. L'analyse de ces différents conflits majeurs permet d'expliquer l'incapacité de l'État congolais et de ses partenaires à restaurer son autorité, la cohésion sociale ou de conclure la réconciliation. La dynamique de résilience exogène qu'ils initient et diffusent, évacue les dimensions structurelles des conflits, notamment la formation des chefferies agrandies modernes, les identités de groupe et la radicalisation des pouvoirs coutumiers traditionnels, avec tout ce que cela comporte comme inégalité et injustice sociales.

3.3.1 La résilience et les conflits fonciers et d'autorité à Mutarule

Les conflits à Mutarule sont peu documentés par les scientifiques. Les travaux existants à ce sujet sont des mémoires des étudiants et les rapports d'activités des ONG. Les études pertinentes n'existent donc pas, car la tâche a été laissée de manière inédite et implicite aux activistes des droits de l'homme. Leurs rapports d'activités attribuent la gravité des violences aux vols de bétail, à l'assassinat du mwami Floribert Nsabimana Ndabagoye, le 25 avril 2012, à la mort du mwami Simon Ndare Simba, le 12 décembre 2012, tous deux décédés même année dans les conditions non encore élucidées par les pouvoirs publics, à l'activisme des milices locales et des groupes armés étrangers, etc. L'histoire du territoire d'Uvira renseigne que les causes des conflits interethniques à Mutarule sont plus anciennes et structurelles que celles évoquées ci-dessus par les responsables des organisations de la société civile .

Dans son nota bene n° 422, l'organisation dénommée Héritiers de la justice abonde dans le même sens et précise sans trop de détours le nœud de la conflictualité dans cette localité lorsqu'elle écrit que

> *''Mutarule est le chef-lieu de la chefferie de la plaine de la Ruzizi habité principalement par les tribus ou les communautés Bafuliru, Barundi et Banyamulenge qui, sur fond de différends fonciers et de pouvoir, se regardent en chiens de faïence''.*

Le nota bene ci-dessus mentionne le foncier et le pouvoir comme enjeux qui détériorent la confiance entre les trois tribus précitées. Le déficit de confiance n'est pas une fatalité, ni génétique mais plonge ses racines dans l'organisation des chefferies agrandies modernes, dans la solidification du pouvoir coutumier et dans la constitution des identités de groupe par l'administration coloniale belge. Une lecture pareille de la réalité historique et politique échappe à la plupart des analystes des conflits dans le territoire d'Uvira. Car, leurs études parcellaires mettent au premier plan les aspects conjoncturels des conflits dont la transhumance, les violences, l'activisme des groupes armés, la vulnérabilité des ménages, etc.

Nous présentons une autre lecture de la réalité qui analyse et met en perspective les trois aspects liés à l'organisation de l'État congolais très souvent négligés par les médiateurs pour montrer que les réponses proposées par l'État congolais et ses partenaires sont des façades et ne permettent pas de reconstituer la cohésion interethnique.

D'une superficie non réellement connue, le village de Mutarule est situé dans le groupement de Luberizi. Les sources consultées mentionnent qu'il est situé à sept kilomètres au nord de la cité de Sange. Après la colonisation, la localité de Mutarule est devenue l'épicentre de la contestation du pouvoir coutumier de Barundi, du rejet de l'existence et de la reconnaissance légale de la chefferie plaine de la Ruzizi mais également de la lutte politique en vue de muer cette dernière en secteur et de contrôler la gestion des ressources naturelles, matérielles et financières. Aussi, la répartition de trois tribus ou communautés en pourcentages n'est pas dressée. Les chiffres disponibles sont des estimations et proviennent des recensements administratifs qui inspirent peu de confiance. En s'inspirant du rapport administratif de 2015, Oscar Mulangaliro DIHI[46] mentionne le nombre de 5.498 habitants pour Mutarule I et II.

De manière générale, les Bafuliiru sont estimés être majoritaires dans les agglomérations de Sange, de Butaho, de Ndunda, de Mwaba, de Rwenena, de Rusabagi, de Sasira, etc. Les Barundi viennent en deuxième position mais leur effectif total n'est pas connu non plus. Ils sont constitués des Banyakarama qui forment la petite fraction de la dynastie régnante. Le reste est constitué en grand nombre des Barundi qui n'appartiennent pas à cette dynastie régnante. Les Banyamulenge dont parle le nota bene précité sont en fait des Banavyura qui ont été réinstallées à Mutarule par le Rassemblement congolais pour la démocratie en septembre 1998[47]. L'histoire de la déportation des Banyamulenge à Kalemie en 1967 au Katanga par les autorités politiques et militaires est peu connue par les nouvelles générations. L'objectif de cette opération visait à rétablir l'ordre public dans le secteur de Ngandja en territoire de Fizi et à détruire les dernières poches de résistance rebelle.

---

[46] Oscar Mulangaliro Dihi, *Les conflits interethniques à Mutarule dans la Chefferie Plaine de la Ruzizi, Territoire d'Uvira, Province du Sud-Kivu, République Démocratique du Congo*, inédit, mémoire, UEA, 2015-2016, p. 15.

[47] Commission d'accueil et de réinstallation au Sud-Kivu des déplacés et rescapés de massacre de Vyura et de Kalemie au Katanga en République démocratique du Congo, Bukavu, le 24 septembre 1998, 4 p.

Cette histoire de déplacement des populations en vue de rétablir l'autorité de l'État dans ledit territoire n'est pas détaillée dans la présente analyse. Les chercheurs intéressés par cette problématique de migrations interprovinciales forcées peuvent se référer aux travaux de mémoires de Manassé Müller Ruhimbika Rwumbuguza[48] et de Sebantu Ndiringiye Amoni[49]. Le mémoire de ce dernier est fouillé et représente, par croquis, les itinéraires que les Banyamulenge ont suivis pour s'installer à Vyura en 1976. Partis d'itombwe et à partir d'Uvira, ils se divisaient en deux branches. L'une voyageait par bateau pour atteindre Kalemie. L'autre traversait le territoire de Fizi à pieds ou par véhicule pour arriver à Kalemie, le point de ralliement. A partir de Kalemie, ils se scindaient en deux. Une partie voyageait par bateau pour arriver à Moba, et de là les Banyamulenge prenaient la direction de Manika pour rejoindre Vyura. L'autre partie passait par Luanika pour se croiser à Vyura après plusieurs semaines de voyage. Ils se scindaient en petit nombre pour échapper à la vigilance des services de sécurité et d'immigration.

Avant le découpage du Katanga en cinq provinces, les Banyamulenge ont choisi de pratiquer l'élevage de gros bétail, de s'installer à Moba, à Manika en 1969 et à Vyura en 1976. Après leur installation, ils ont pris la dénomination inclusive de Banavyura pour s'identifier, affirmer une nouvelle identité et se différencier des Banyamulenge qui sont restés et vivent à Bwegera, dans les moyens et les hauts plateaux de Fizi, de Mwenga et d'Uvira au Sud-Kivu. Suite à l'insécurité causée par les affrontements entre le Rassemblement Congolais pour la Démocratie et le gouvernement central de Kinshasa à Pweto, à peu près 20.000 personnes appelées Banavyura exposées aux représailles et à leur extermi-

---

[48] Manassé Müller Ruhimbika Rwumbuguza, *Les mouvements migratoires dans les hauts plateaux de la zone d'Uvira : une conséquence de la dégénérescence agro-pastorale*, inédit, TFE, ISDR-Bukavu, 1985-1986, 105 p.

[49] Sebantu Ndiringiye Amoni, *Les migrations Banyamulenge : de la région du Sud-Kivu vers la région du Shaba en zones de Moba et de Kalemie (1964-1990)*, inédit, TFE en histoire, ISP-Bukavu, juillet 1990.

nation par l'Alliance des forces démocratiques pour la libération du Congo-Zaïre et ses alliés furent déplacées par avion, par véhicule ou par bateau pour être installées à Mutarule. Les tracts de septembre et d'octobre 1998 attribués à l'organisation dénommée Alerte exprimaient l'opposition à cette installation de Banavyura au Sud-Kivu. Il est écrit que cette opération allait accentuer l'insécurité et avalisait le plan de colonisation de l'ancien Kivu par les Tutsi suite au contexte de la guerre[50]. Malgré les contestations ouvertes ou inédites, la commission d'accueil et de réinstallation des Banavyura au Sud-Kivu a choisi la localité de Mutarule pour trois raisons majeures, à savoir : les conditions climatiques similaires au territoire de Moba, l'existence d'un espace vital favorable à l'élevage de gros bétail et l'accès facile aux organisations humanitaires.

Après 21 années de vie et d'occupation à Mutarule, les relations sociales entre les Banavyura et les autres communautés retrouvées sur place connaissent le chaud et le froid. Les Banavyura composent avec les Barundi et participent aux conflits de territoire, d'autorité et d'exercice du pouvoir politique dans la chefferie Plaine de la Ruzizi. La localité de Mutarule est gérée par deux autorités. Mutarule I constitué de trois avenues (Nakijangwa, Mapendo et Mutarule-Centre) était dirigé par le notable Murundi connu sous les noms de Dedemu Mirundi[51]. Suite à l'escalade des conflits, la commande de Mutarule I a été confiée au notable Munyamulenge dénommé Ruhamiriza Stephan. En 2016, ce dernier a été remplacé par un autre notable Munyamulenge connu sous les noms de Gatoni Jonathan. À ce propos, les avis sont partagés. Kinyoni II Félix, ancien chef de la chefferie plaine de la Ruzizi parle des

---

[50] Alerte, Asbl, Goma, RDC, *Le plan d'occupation du Kivu a commencé*, Goma, le 28 septembre 1998, 2 p. et *Des parlements provinciaux au Nord-Kivu et au Sud-Kivu pourquoi faire ?*, Goma, le 8 octobre 1998, 2 p.
[51] Cette information a été récoltée à Mutarule - Nyamugali et fournie par Clément Mutewa Wakandwa, inédit, du 15 au 16 octobre 2016, 4 p.

autorités intérimaires pourtant les Bafuliiru dénoncent l'une des stratégies machiavéliques adoptées pour coaliser contre eux.

L'histoire des conflits à Mutarule demeure un labyrinthe difficile à remonter le fil conducteur pour les comprendre facilement. Elle est constituée des querelles identitaires, politiques, administratives et territoriales. Pour illustration, les Bafuliiru intégristes sous l'instigation de Musa Marandura ont chassé leur mwami, Henri Simba Nyamogira sous prétexte qu'il avait cédé la chefferie plaine de la Ruzizi à la dynastie Banyakarama. Le crime de lèse-majesté s'explique en partie par la méconnaissance et l'ignorance de l'organisation administrative et territoriale de ce qui est devenu le territoire d'Uvira et surtout par l'idéologie dominante, issue des années d'indépendance, de remettre en cause l'ordre territorial hérité de la colonisation belge. Les études antérieures montrent que les conflits dans cette entité remontent à l'époque coloniale et sont devenus radicaux à partir des années 1960. Ils ont comme particularités de causer les pertes en vies humaines, de déplacer les villageois et de charrier les contestations des droits politiques, de nationalité, de nomination des chefs de villages et des espaces vitaux pour pratiquer l'agriculture et l'élevage. Les conflits à Mutarule en général sont une illustration et entrent en ligne de compte.

La partie appelée Mutarule II ou Katekama est plus étendue que Mutarule I, car elle est composée de onze avenues qui sont Mutarule-Centre, Tusikilizane, Muhangaza, Tuonane, Mission, Mapendo, Narugina, Manamba, Katekama,Ngendo et Rusagara.

Mutarule II est dirigé par le notable Mufuliiru répondant aux noms de Bireke Rusagara. Les Bafuliiru qui résident sur cette partie refusent d'être dirigés par un notable Murundi ou un Munyavura. Le conflit qui les oppose donc dans ce village est de pouvoir. Les médiateurs ne parviennent pas à le cerner comme tel pour le transformer. La bipolarité déjà décrite ci-dessus, le poids démographique et économique radicalisent les tensions et les crises politiques dans cette entité. Les crises de

2010 à 2016, telles qu'elles sont rapportées par Héritiers de la justice et d'autres organisations de défenses et de protection des droits humains, ont causé des pertes en vies humaines, les blessés, les incendies d'habitations, les vols de bétail et les déplacements des populations.

Ces conséquences qui sont à inscrire dans l'ensemble de la conflictualité continuent, comme une veine ouverte, à détériorer la cohésion interethnique. Par exemple, les élèves des communautés Barundi et Banavyura ne fréquentent pas les écoles tenues par les Bafuliiru et vice versa. Les églises sont organisées selon les appartenances Barundi et Banavyura versus Bafuliiru. Les habitants ne fréquentent pas les mêmes marchés et les centres de santé. Les mariages intercommunautaires ne sont pas célébrés pour cimenter la cohésion sociale. Les moments de deuil qui, en principe, unissent les ethnies sont exclusivement mono-ethniques. La cohésion sociale interethnique est trop fragmentée, ce qui affaiblit les capacités endogènes ou exogènes de résilience. Malgré l'organisation des dialogues intercommunautaires, la réconciliation n'est pas effective mais demeure factice même si les communautés vivent ensemble et partagent le même espace politique. Le pacte de sang, l'échange de bétail, les mariages interethniques, les visites de fraternité, l'allocation des terres, la loyauté au chef du lieu, l'association à la gestion de la chefferie mobile, etc. sont devenus inopérants actuellement. C'est dire que l'approche culturelle et anthropologique de transformation des conflits basée sur l'intégration sociale est infectée et paralysée par le modernisme à outrance.

C'est pourquoi lorsque les conflits locaux éclatent à Mutarule, ils accentuent la fracture sociale interethnique, ils attisent les revendications d'ordre général et enflamment les populations de la chefferie de Bafuliiru contre celles de la Plaine de la Ruzizi. Les revendications se cristallisent autour des questions relatives à la transformation de la Chefferie Plaine de la Ruzizi en Secteur et contestent l'exercice du pouvoir coutumier traditionnel aux notables Barundi. Ces contestations anciennes et récentes remettent en cause l'ordre territorial et l'organisation politique hérités de la colonisation belge. Les réponses y apportées par les pouvoirs publics, les organisations de la société civile , les organismes internationaux et les agences des Nations unies sont inefficaces, car elles ne résolvent pas les questions sensibles relatives à l'unification de l'autorité à Mutarule, à la réorganisation des chefferies agrandies modernes et à la redéfinition selon l'évolution du contexte du statut de chef coutumier traditionnel.

En gros, les réponses courantes de types : la sensibilisation à la paix, les traques des criminels et la récupération des armes, la collaboration avec les leaders locaux, l'organisation des séances de médiation, le déploiement des services de sécurité et de défense pour protéger la population, les concertations intercommunautaires, etc. sont monotones et paralysent toute innovation en termes de résilience. Les organisations championnes et vectrices des pratiques exogènes de résilience sont la Commission diocésaine justice et paix, Arche d'alliance, Pax christi, Cadre de concertation intercommunautaire, Search for Common Ground, International Alert, Centre de développement intégral de l'enfant rural, Réseau d'innovation organisationnelle, Action pour le développement et la paix endogène, les médias, Innovation et formation pour le développement et la paix, les services des Églises spécialisés dans la médiation et conflits, etc. La liste n'est pas limitative. Les réponses qu'ils introduisent et diffusent dans les milieux détruisent les capacités locales et endogènes de résilience, ce qui explique la résurgence des conflits récurrents. Le programme dénommé « Désarmement, démobilisation et réinsertion des ex-combattants » a échoué parce que le processus a été trop politisé et émaillé des détournements de kits de réintégration.

Cette pratique explique en partie les causes des échecs des opérations de consolidation de la paix. L'échec de médiation à Mutarule de manière particulière et à l'Est de la R.D. Congo en général s'explique par l'incapacité des ONG locales et de leurs partenaires internationaux et des agences des Nations unies à travailler sur les stratégies susceptibles de contribuer à la restauration de l'autorité de l'État congolais et à développer les actions durables, en lieu et place de celles urgentistes et humanitaires. Offrir des emplois aux jeunes permettrait de réduire le chômage et la pauvreté. La relance des activités agricoles contribuerait dans les milieux à consolider la cohésion sociale interethnique.

3.3.2 La résilience et les conflits territoriaux et identitaires dans les moyens et les hauts plateaux de Fizi, Mwenga et Uvira

Les conflits qualifiés d'interethniques dans les moyens et les hauts plateaux de Fizi, Mwenga et Uvira se nouent autour des trois enjeux majeurs, à savoir la terre, le territoire et le pouvoir coutumier.

Premièrement, la terre est déterminante dans cette conflictualité historique entre les ethnies dont les activités agricoles entrent en compétition. Le conflit foncier entre éleveur et agriculteur est médiatisé par la transhumance qui se pratique dans le secteur de Ngandja en territoire de Fizi. Les éleveurs Banyamulenge quittent le secteur d'Itombwe pour paître le gros bétail dans cette partie. Au passage, leur cheptel broute les cultures, ce qui engendre les conflits entre les bergers et les agriculteurs. Par contagion, les conflits s'étendent aux deux communautés et embrasent le territoire de Fizi. Dans le cas de destruction des cultures, les paysans Babembe exigent la réparation. Lorsqu'il y a de résistance, l'affaire se termine par l'arbitrage. Généralement, les chefs Babembe exigent aux éleveurs Banyamulenge le droit de passage et de pacage, appelé « itulo ». Cette redevance coutumière est mal perçue et vécue par ces derniers qui la rejettent suite à son caractère injuste et anarchique. Ils déclarent que ce tribut est, non seulement appliqué uniquement à eux, mais aussi leur est exigé par des personnes sans mandat ni légitimité. Bref, la transhumance pose le double problème de gestion de l'élevage extensif dans l'Itombwe et d'imagination de la capacité de résilience.

En effet, l'unique moyen de résilience que l'État congolais peut explorer est de procéder à la réorganisation de cette activité. C'est de concevoir le passage de l'élevage extensif à celui intensif. Les organisations locales telles que l'Action pour le développement et la Paix endogène, le Groupe milima, le Groupe d'actions socio-agro-pastorales et le Centre de développement intégral de l'enfant rural ont des rôles stratégiques à jouer avec l'État congolais dans ce milieu en suivant la diffusion de nouvelles techniques de stabulation, en assurant l'éducation à l'élevage intensif, en organisant le système de fermage qui consiste à moderniser les élevages, à produire du lait en quantité suffisante par quelques races de vaches améliorées sur des petits pâturages clôturés. Cette modernisation doit s'effectuer aussi dans l'Itombwe pour arrêter la transhumance et mettre fin au régime de tribut comme au Moyen-âge européen.

Deuxièmement, le projet d'avoir un territoire est évoqué à partir de 1954 à l'époque coloniale belge[52]. Après la colonisation, les oppositions à ce projet jugées macabres se sont radicalisées, d'où le conflit de territoire. Au fil des années, les oppositions sanglantes se nouent autour de trois entités administratives et territoriales. D'abord, c'est autour du groupement de Bijombo créé par l'Arrêté n° 0229 du 23 août 1979 du ministre Mafema Ganzeg. Avec les évolutions du contexte, l'intensité a diminué, mais le conflit persiste. Ensuite, les oppositions étaient vives à la création du territoire de Minembwe le 9 septembre 1999 par Joseph Mudumbi, ministre du Rassemblement congolais pour la démocratie. Les tensions ont baissé, car ce territoire a été supprimé par défaut de la légalité après les accords de Sun City en Afrique du Sud. La particularité est que ces deux entités ont été érigées sur fond de contestations populaires. Leur création vise à assurer l'intégration des Banyamulenge par le territoire. Les autres formes d'intégration par la nationalité, la profes-

---

[52] Bosco Muchukiwa Rukakiza, *Territoires ethniques et territoires étatiques. Pouvoirs locaux et conflits interethniques au Sud-Kivu (R. D. Congo)*, Paris, Éditions L'Harmattan, 2006, p. 124.

sion, la scolarisation, le culte religieux et la résidence sont acceptées par les populations congolaises.

En effet, les détails sur le projet d'avoir une entité territoriale et administrative en vue d'être intégrés parfaitement dans l'État congolais et d'exercer ce qu'il est convenu d'appeler le pouvoir coutumier pourtant moderne sont décrits dans nos travaux antérieurs. Ici, nous nous consacrons, enfin, au nouveau développement qu'est la création de la commune rurale de Minembwe le 13 juin 2013. L'objectif de la présente analyse est de souligner la persistance de la dimension territoriale dans les conflits qui sévissent dans les moyens et les hauts plateaux de Fizi, Mwenga et Uvira. Après la suppression du territoire de Minembwe, les élites Banyamulenge ont continué à mener des démarches administratives et politiques pour aboutir à créer la commune rurale de Minembwe. La création de cette dernière est attribuée au ministre Azarias Ruberwa Manywa, ministre d'État, ministre de la décentralisation et réformes institutionnelles. La création de cette entité est intervenue quatorze ans après, c'est-à-dire en 2013. L'exposé de motif insiste sur la nécessité d'installer progressivement les villes et les communes créées au regard de leur importance sur le plan politique, sociologique, économique et démographique[53]. Cet exposé de motif d'ordre général est implicite et de même que le Décret n° 13/029 du 13 juin 2013 conférant le statut de ville et de commune à certaines agglomérations de la Province du Sud-Kivu.

Ce Décret s'appuie sur l'avis de l'Assemblée provinciale du Sud-Kivu se rapportant à la proposition du Gouverneur de la province du

---

[53] Arrêté interministériel n° 25/CAB/VPM/MININTERSEC/HMS/051/2018 et n° CAB/ME/MIN.DRI/ARN/FKT/007/2018 du… /2018 portant mise en œuvre des dispositions du Décret n° 18/020 du 30 Mai 2018 portant levée de la surséance de l'exécution des dispositions des Décrets n° 13/020, 13/021, 13/022, 13/023, 13/024, 13/025, 13/026, 13/027, 13/028, 13/029 et 13/030 du 13 juin 2013 conférant le statut de ville et commune à certaines agglomérations, Kinshasa, le 30 mai 2018, 8 p.

Sud-Kivu du 9 juin 2009 relative à l'érection de certaines agglomérations de la Province du Sud-Kivu en communes, contenu dans la décision n° 09/200/plénière/ASPRO/SK du 7 octobre 2009[54].

Ces différents aspects sur la production et la subdivision du territoire administratif sont à prendre en considération dans les médiations intercommunautaires et institutionnelles. Les limites de la commune rurale de Minembwe sont fixées par ce décret de la manière suivante. Du Nord au Sud, elle ne dépasse pas le ruisseau Kalungi, la rivière Minembwe, le ruisseau Sara et la rivière Kabanja. De l'Est à l'Ouest, la commune rurale de Minembwe est circonscrite entre la chaîne de Mukoko, la forêt Ruginero et la rivière Matenganya. Le croquis manque pour voir si les limites de la commune rurale de Minembwe coïncident avec celles de l'ancien territoire de Minembwe supprimé pour établir si elle grignote les superficies des territoires d'Uvira, de Mwenga et de Walungu. Le manque d'une carte n'exclut pas l'existence des contestations en ce qui concerne le secteur d'ITombwe dans le territoire de Fizi, le groupement de Bijombo dans les chefferies de Bavira, de Bafuliiru, de Lwindi et de Kaziba. La déclaration à l'issue du dialogue des Banyamulenge tenu à Kinshasa du 13 au 15 février 2020 et publiée intégralement par La Prunelle RDC dévoile qu'il y a des contestations populaires au sujet de l'existence de la commune rurale de Minembwe. Ils insistent cinq fois dans leur déclaration sur les dimensions territoriales des conflits avec leurs voisins dont les propos en italique énoncent que *la guerre planifiée et injuste vise clairement l'épuration ethnique et le déracinement de leur communauté de la terre de leurs ancêtres.*

Par cet extrait, ils affirment le lien territorial en évoquant leurs ancêtres et ajoutent que la rupture de ce lien anthropologique et symbolique avec la terre est opérée par une coalition des milices locales et des

---

[54] *Décret n° 13/029 du 13 juin 2013 conférant le statut de ville et de commune à certaines agglomérations de la Province du Sud-Kivu, Kinshasa*, le 13 juin 2013, 13 p.

groupes armés étrangers. C'est cela qu'ils appellent le déracinement de leur communauté.

Pour arrêter leur délocalisation, les élites Banyamulenge exigent que l'État congolais procède à la réhabilitation *des chefferies Banyamulenge créées respectivement le 6 octobre 1891, le 13 juin 1906 et le 2 mai 1910 supprimées par un Décret colonial injuste du 5 décembre 1933 du ministre Louis Franck.*

Quels types des chefferies dont il est question ici (traditionnelles ou agrandies modernes) ? Les études historiographiques fournissent des réponses à la question ci-dessus. Avant 1933, il n'a existé que les chefferies mobiles, c'est-à-dire traditionnelles sans limites, sans attache au territoire administratif moderne. Les chefferies actuelles ont des limites et sont subdivisées en groupements et villages. Elles sont dites agrandies modernes ou des entités territoriales décentralisées en ce qui concerne la R.D. Congo, notre pays. La confusion entre les chefferies traditionnelles et les chefferies agrandies modernes doit être levée dans une prochaine publication pour prévenir les conflits territoriaux. Le lien territorial de production des identités de groupes est donc récent. Il est l'œuvre de l'administration coloniale belge qui a procédé au regroupement des chefferies mobiles en chefferies agrandies modernes ou en secteurs selon le cas. Aujourd'hui, évoquer cette question consiste à remettre en cause cet ordre territorial hérité de la colonisation belge.

À ce propos, les élites Banyamulenge savent qu'elles demandent une chose et son contraire. Elles proposent à *l'État congolais d'installer de manière effective les animateurs de la commune de Minembwe et autres nouvelles entités du Sud-Kivu à l'instar des villes de Baraka, Uvira et Kamitunga dans le but de renforcer l'autorité de l'État.*

Pour être précis, les animateurs qu'elles demandent, seront-ils installés sur les chefferies traditionnelles sources du désordre territorial ? Nous pouvons élever le raisonnement. L'État congolais devra-t-il *assurer l'urbanisation de la commune de Minembwe et la réalisation des routes reliant les trois territoires* sans existence et reconnaissance légales ?

Cette question permet de réfléchir sur cette confusion et d'expliquer que le territoire comme support des entités administratives et des infrastructures de développement requiert une viabilité géographique, démographique et économique que les chefferies traditionnelles ou mobiles manquaient avant le regroupement des chefs par les administrateurs coloniaux belges. Remettre en cause leur regroupement sera l'une des sources de conflits irrésolubles. Pensons au principe d'intangibilité des frontières héritées de la colonisation. La suggestion serait de garder les subdivisions héritées de la colonisation en cette période de fragilité des États en Afrique ou d'encourager les autres formes d'intégration sociale. Car, la décomposition d'un lien territorial s'opère sur le long terme par des mesures d'accompagnement social, politique et économique. L'exemple des États fédérés ou confédérés illustre bien notre analyse, car ils conservent leurs frontières tout étant dans l'union politique et économique. La dimension territoriale virtuelle ou réelle demeure dans les consciences des citoyens.

C'est pourquoi les élites Banyamulenge adressent leur ultimatum aux communautés voisines en ces termes :

> « La commune de Minembwe relève de la loi. Elle ne peut être une justification à la guerre en cours. Elle ne doit plus être évoquée dans nos dialogues visant la paix et la cohabitation pacifique entre les communautés voisines. Dans tous les cas, les Banyamulenge ne peuvent pas répondre des Décrets du gouvernement ».

Cet ultimatum dévoile la déception des Banyamulenge et l'échec notoire des dialogues intercommunautaires qui sont organisés depuis les années 1990, ouverts et clôturés par l'autorité administrative et politique du milieu. Dans la plupart des cas, quelques autorités publiques (administrateur du territoire, gouverneur de la province, les ministres, les députés et les représentants de la présidence) sont invitées pour garantir un caractère institutionnel de façade. Malgré cette présence, les faiblesses sont décriées de part et d'autre. En effet, au sujet des forces et faiblesses de dialogues intercommunautaires, les élites Bavira notent que de 2003 à 2019, telles initiatives ont abouti à l'élaboration et à la signature d'actes d'engagements sans succès. Elles ajoutent que *plusieurs programmes ont déjà été mis en œuvre pour chercher à régler la crise dans le groupement de Bijombo. Par ailleurs, l'on réalise qu'au lieu que des solutions idoines soient prises compte tenu de la dynamique de la crise, elle est par contre devenue, non seulement une opportunité de financement de plusieurs acteurs, mais aussi donne l'occasion d'approvisionnement de certains groupes armés*[55].

En principe, la présence des autorités publiques vise à avaliser les engagements qui ne sont pas toujours respectés par les parties en conflit. Vu sous un autre angle, leur présence donne à ces rencontres un cachet institutionnel de vernis. Au fond, l'État congolais est remorqué par les organisations nationales et internationales. Elles véhiculent les réponses exogènes qui contribuent à affaiblir les capacités locales de résilience. Souvent ces réponses exogènes manquent la légalité pour résoudre les conflits territoriaux et de succession au pouvoir coutumier.

Une autre source d'échec non négligeable consiste à déconsidérer les aspects sociologiques et anthropologiques de production du territoire en Afrique noire. La dimension historique des conflits est évacuée des discussions conduites par des experts qui méconnaissent les anciennes formules d'intégration sociale. C'est dire que le problème d'intégration des Banyamulenge par le territoire est à prendre au sérieux. Il importe que l'État congolais dresse un inventaire de la situation générale des groupes ethniques établis au pays sans territoires ou avec territoires non délimités. Cet inventaire permettra de fournir des données sur comment ces groupes ethniques cohabitent, obéissent à l'autorité coutumière tradi-

---

[55] *Cahier de charge des Bavira au dialogue de juin 2019*, pp. 13-14 et 17

tionnelle et organisent sur le même espace vital l'économie agro-pastorale.

L'État congolais doit s'impliquer davantage, cesser de jouer le rôle de second plan car la plupart des conflits actuels sont nés de la réorganisation des sociétés traditionnelles dès la pénétration coloniale. Il doit s'employer à développer une culture du territoire et une conscience nationale par l'éducation à la paix.

Troisièmement, l'exercice du pouvoir coutumier traditionnel dépend du fait que les ethnies ont été constituées en chefferies agrandies modernes ou en groupements en ce qui concerne les secteurs là où ils fonctionnent réellement.

La coutume intervient pour la légitimité et la sacralisation du pouvoir de chef. Or, les Banyamulenge ont une coutume mais n'ont pas été constitués en autorités à ces deux niveaux d'organisation administrative et territoriale pour avoir des grands chefs coutumiers traditionnels. Ils n'ont eu que des petits chefs aux échelons très bas qui sont des villages tels qu'à Kakamba, à Muhanga, à Rubuga, à Galye, Kishembwe, etc. Ce vide d'autorité aux échelons stratégiques d'administration territoriale explique en gros ou en partie leur insistance d'avoir la commune rurale de Minembwe. Logiquement, cette formule semble convenir mais l'idée d'exercer le pouvoir coutumier traditionnel est en relâchement, c'est-à-dire en perte de vitesse. Malgré cela, les conflits de territoire ne seront pas définitivement résolus. Car, les contestations fourmillent dans les milieux traditionnels Babembe, Bafuliiru et Bavira au sujet du contrôle du groupement de Bijombo et de l'existence de la commune rurale de Minembwe. La crainte fondée ou non est que cette dernière ne soit pas une stratégie pour basculer vers une chefferie agrandie moderne.

3.3.3 *La résilience et les conflits de succession au pouvoir au Sud-Kivu*

Les conflits de succession au pouvoir au Sud-Kivu éclatent dans les groupements et les chefferies agrandies modernes. En ce qui concerne les conflits dans les groupements, les mémoires des étudiants Fidèle Mutabazi Kalala[56] et Mu-I Isonga Prince[57] sont des illustrations pour les avoir analysés. Au Sud-Kivu et dans les autres provinces, il existe des conflits de cette nature qui ne sont pas étudiés. D'où l'intérêt d'étendre et d'améliorer la qualité des recherches pour une connaissance approfondie en vue de les résoudre. Au niveau des chefferies, les conflits sont mentionnés et se développent dans les entités territoriales décentralisées, à savoir Burhinyi, Luhwindja, Lwindi, Bafuliiru, Wakabango I, Nindja et Kaziba.

Dans les entités ci-dessus évoquées et autres, les conflits de succession au pouvoir coutumier traditionnel sont structurels, opposent deux frères héritiers de même père mais des mères différentes. La loi est superposée sur la coutume ; d'où la crise de légitimité et de référence. Les ingérences des politiciens dans la désignation des héritiers aux trônes dans les chefferies, les assassinats des chefs et les régences mal gérées pérennisent les conflits de pouvoir. Les épouses de chefs défunts au niveau des chefferies interviennent dans la plupart des cas pour l'intronisation de leurs fils en violation de la coutume et de la loi. L'exemple des Banyindu donne une idée sur la complexité des conflits de succession au pouvoir. Les Banyindu ont été organisés par l'administration coloniale belge en chefferie de Lwindi agrandie moderne. Pour résumer la trame historique, nous retenons que depuis, le 28 août 1998, le mwami dénommé François Mubeza III a été assassiné à Kasika par les soldats du Rassemblement congolais pour la démocratie.

---

[56] Fidèle Mutabazi Kalala, *Conflits de succession au pouvoir coutumier et violences politiques dans le groupement d'Itara-Luvungi en territoire d'UVIRA au Sud-Kivu*, inédit, mémoire au département de Paix et développement, UEA, Bukavu, année académique 2010-2011, 56 p.

[57] Prince Mu-I Isonga, *Les conflits de succession au pouvoir dans le groupement d'Irangi : causes, conséquences et stratégies de normalisation*, inédit, mémoire, ISDR-Bukavu, année académique 2016-2017, 63 p.

Depuis lors, le conflit de succession au pouvoir coutumier a éclaté et oppose Nyumba Bugoma et Milenge Sholo. Chaque frère du chef défunt s'emploie à mobiliser ses partisans en vue d'accéder au pouvoir mettant ainsi en péril la cohésion de la société Banyindu. Ce conflit de succession au pouvoir coutumier traditionnel persiste toujours ; il a ravivé la crise de légitimité et les tensions sociales entre les Banyindu et les Barega. Il s'est formé deux camps, à savoir pro-Banyindu et pro-Barega qui se disputent le pouvoir. L'unique réponse serait que l'État congolais fasse observer la coutume et reconnaisse l'autorité de la personne qui sera choisie par les coutumiers.

Dans la chefferie de Kaziba, la situation a évolué positivement après de longues années d'atermoiement et de régence. Samedi, le 14 mars 2020, le mwami Dirk Majiri Iv Chimanye N'nakaziba a été investi par le Ministre provincial de l'intérieur, sécurité, décentralisation et affaires coutumières dans ses fonctions en vue de dissiper les spéculations liées aux quinze années de fluctuations de pouvoir entre sa mère et sa tante Honorable Félicité Kabonwa Naweza et de mettre fin aux mésententes avec les Bazibaziba. Ce scénario est inopérant dans la plupart des chefferies étudiées ci-dessous.

En chefferie de Bafuliiru, la situation est historique mais aussi complexe à dénouer. Les conflits anciens issus de la succession au pouvoir coutumier traditionnel sont documentés avec détails par René Bashende Bweyo[58]. Le conflit plus récent remonte en 1981 entre Simon Ndare Simba et son frère Albert Mukogabwe Muzima. Ce conflit a été accentué par les ingérences des pouvoirs publics. Après 38 ans de confronta-

---

[58] René Bashende Bweyo, *Administration et conflit de succession au pouvoir coutumier dans la chefferie des Bafuliiru de 1928 à 2005*, Inédit, mémoire ISDR-Bukavu, année académique 2005-2006, 49 p. Ses analyses ont été approfondies jusqu'en 2014 et s'intitulent, René Bashende Bweyo, *Administration et conflit de succession au pouvoir coutumier dans la collectivité-chefferie des Bafuliiru de 1928 à 2014*, pp. 83-105, dans Annales de l'UEA, n° 5, volume 4, Bukavu, imprimeries Les Z Computers, mai 2015, 360p.

tion et de polarisation de la tribu Bafuliiru, le conflit s'est transmis à Adams Kalingishi, fils de Simon Ndare Simba contre son oncle Albert Mukogabwe Muzima. Malgré les interventions des sages Bafuliiru et les médiations institutionnelles, le conflit persiste toujours.

Actuellement, Albert Mukogabwe Muzima est au Malawi en Afrique australe avec tous les symboles du pouvoir traditionnel pourtant la coutume interdit de les désacraliser par les voyages et les traversées des cours d'eau. L'autre version dit qu'il les aurait vendus aux autres chefs coutumiers traditionnels de la province du Sud-Kivu. La désacralisation des reliques, leur trafic et la fuite des lieux symboliques sont autant des facteurs qui contribuent à petit pas à la modernisation de l'autorité traditionnelle. Le déplacement de l'une des parties au conflit de pouvoir ne garantit pas qu'il soit définitivement résolu, car ses partisans existent dans la chefferie et ont la capacité de souffler sur le chaud et d'alimenter la partialité des autorités politiques et administratives. Pour cette raison, les Bafuliiru partagent une paix relative et s'interrogent à quand le dénouement définitif de ce conflit qui a trop duré et détruit la cohésion sociale intracommunautaire.

La chefferie de Nindja dans le territoire de Kabare au Sud-Kivu est dans l'orbite des conflits de succession au pouvoir coutumier. Cette chefferie était relativement calme après les violences attribuées aux milices locales et aux groupes armés étrangers. Les liens de fraternité entre Munganga Marcel et Bataona Freddy ont commencé à se détériorer après la mort de leur père dénommé Mwami Maheshe Alexandre. Ce dernier est mort le 30 août 2013 laissant les conflits de succession au pouvoir coutumier traditionnel. Les mémoires consultés donnent deux versions contradictoires que les médiateurs doivent interroger pour établir la vérité et l'objectivité.

La version fournie par Mwenyimali Munganga Richard[59] soutient que le défunt son grand-père mwami a laissé des testaments qui reconnaissent la succession à son fils aîné Munganga Marcel. C'est sur base de ces testaments qu'il a été investi mwami de Balindja le 13 janvier 2015. Et que son petit frère Bataona Freddy a été manipulé par les politiciens, les Batembo et les opérateurs économiques de Bukavu en vue d'acquérir le pouvoir par la ruse. Leur soutien n'est pas neutre, c'est pour leur offrir les sites d'or, de bois et les pâturages. Enfin, la stratégie consistant à violer le protocole de répartition des responsabilités entre les deux fils vise à brouiller les relations entre eux et à enflammer la chefferie de Nindja.

Cette version est contredite par Nabintu Basimine Irène[60] qui démontre que les testaments détenus par Munganga Marcel manquent l'authenticité. Ils ont été fabriqués pour faire usage frauduleux et tromper les sages de la chefferie. Nabintu Basimine Irène rejette le principe de primogéniture et évoque la lettre administrative du 23 mai 2018 qui reconnaît la qualité de chef de la chefferie à Bataona Freddy. C'est pourquoi, le Conseil provincial de sécurité avait prévu d'arrêter Munganga Marcel, de le mettre à la disposition de la justice en vue de permettre l'installation de son frère Bataona Freddy en qualité de chef de la chefferie de Nindja. Jusqu'à présent, le conflit entre les deux frères n'est pas toujours résolu, mais continue à défrayer la chronique, à éroder la cohésion sociale intracommunautaire suite à l'ingérence et à la divergence d'intérêts, deux facteurs clés d'opposition entre les différents opérateurs économiques, les autorités provinciales, nationales, tradition-

---

[59] Mwenyimali Muganga Richard, *Les conflits de succession au pouvoir coutumier dans la chefferie de Nindja en territoire de Kabare*, inédit, mémoire, ISDR-Bukavu, année académique 2018-2019, 57 p.

[60] Nabintu Basimine Irène, *Conflit de succession au pouvoir coutumier et son impact sur la paix et le développement socio-économique dans la chefferie de Nindja*, inédit, mémoire, département de Paix et développement, UEA, année académique, 2018-2019, 85 p.

nelles, les députés, les sénateurs, les officiers militaires et policiers, les responsables des services de sécurité, les groupes armés, etc.

3.3.4 La résilience et les conflits d'intérêts entre les populations et le Parc national de Kahuzi-Biega

En 1999, les conflits d'intérêts entre les populations et le Parc national de Kahuzi-Biega ont été présentés dans le feuillet trimestriel appelé Mazingira[61]. Les auteurs de ce feuillet les qualifient des conflits liés à la cohabitation qui comportent et se développent en trois aspects différents mais liés entre eux. Les trois aspects sont l'occupation illégale du couloir écologique par les fermiers à Nindja, la destruction des cultures des populations riveraines par les animaux du Parc national de Kahuzi-Biega et l'exploitation désordonnée des ressources naturelles de cette aire protégée. Les auteurs expliquent cette situation par la pauvreté rurale, le cadre institutionnel créant le parc le 27 juillet 1937 et celui du 22 juillet 1975[62] fixant son extension de 600 à 6.000 km², la persistance des représentations négatives sur le Parc national de Kahuzi-Biega qui étaient entretenues par les populations riveraines, quelques associations de développement local, les services étatiques, les leaders locaux et les chefs coutumiers traditionnels.

Les capacités de résilience inventées pour changer les perceptions et les discours défavorables au Parc national de Kahuzi-Biega ont consisté, dans la première phase, à la délimitation effective des limites du parc, à la fourniture des alternatives aux ressources naturelles recherchées au Parc national de Kahuzi-Biega, à l'embauche des Pygmées comme des

----

[61] Pnkb-Gtz, *Mazingira*, feuillet trimestriel de communication environnementale, n° 2, octobre-novembre-décembre 1999, pp. 1-6.

[62] Kasereka Bishikwabo, *Conflits liés à la cohabitation entre la population locale et le Parc National de Kahuzi-Biega (PNKB)*, dans *les Actes des journées scientifiques consacrées à la gestion des ressources naturelles et à la gestion des conflits*, Faculté des sciences agronomiques et environnement, UEA, Bukavu, du 6 au 7 septembre 1999, pp. 44-45.

gardes et à la réalisation des projets de développement local[63]. Ces différentes capacités de résilience ont été conçues pour corriger l'approche policière développée et appliquée dès l'époque coloniale.

La deuxième phase de résilience a été inaugurée en 1985 par l'introduction du modèle de gestion participative inspirée de la pensée appelée écodéveloppement. En 1998, la gestion participative a été matérialisée sous forme des noyaux sociaux implantés à Kalonge et à Tshivanga en vue d'assurer la protection et la défense du parc, l'éducation et la communication environnementales et le développement local[64]. Cette formule a été muée en Comités de conservation communautaire pour impliquer les ménages. En 2006, il y avait treize Comités de conservation communautaire pour amplifier les stratégies ci-dessus, s'occuper du développement des villages autour du parc et surtout contribuer à la transformation de onze types de conflits liés à conservation des ressources naturelles au Parc national de Kahuzi-Biega[65]. La stratégie a évolué en Conseil de gouvernance des comités de conservation implantés dans les quatre stations du parc, à savoir à Kabare, à Itebero, à Lulin-

---

[63] Pnkb-Gtz, *Mazingira*, feuillet trimestriel de communication environnementale, n° 4, octobre-novembre-décembre 2000, pp. 1-4.

[64] Programme Biodiversité et forêts, MECNEF, ICCN-PNKB, *Diagnostic des Comités de Conservation Communautaire au Parc National de Kahuzi-Biega*, Bukavu, juillet 2006, pp. 1-2 et *Le Gorille*, n° 14, Bukavu, janvier-juin 2006, pp. 3-10.

[65] Institut Congolais pour la Conservation de la nature (ICCN) et Parc National de KAHUZI-BIEG (PNKB), *Stratégie de résolution des conflits 2012-2016*, pp. 15-29. Les onze conflits d'intérêts à résoudre sont Conflit lié aux ressources naturelles, Conflit entre les pouvoirs publics et coutumiers, Conflit lié à la spoliation des terres du parc, Conflit lié aux limites du PNKB, Conflit lié à la présence des villages dans le parc, Conflit lié à l'approche accès-partage avantage, Conflit lié à l'interférence des autres services étatiques dans la gestion du PNKB, Conflit intra institutionnel, Conflit lié à l'indemnisation des pygmées, Conflit lié à la présence des milices et groupes armés étrangers dans le parc, et Conflit lié à la déprédation (ravage) des cultures par les animaux du parc.

gu et à Nzovu pour s'occuper principalement de l'intermédiation entre les communautés et les divers partenaires, du suivi du plan local de développement, de la sensibilisation de la population riveraine et de l'éducation environnementale pour la protection et la conservation du Parc national de Kahuzi-Biega.

La troisième et la dernière phase a été la domestication et l'adoption en octobre 2014 du nouveau paradigme de la conservation des aires protégées, connu également sous le nom du processus de Whakatane[66]. Ce processus initié en Nouvelle Zélande en 2011 promeut la cogestion, la promotion des droits des peuples autochtones, le partage des bénéfices générés par le parc et la bonne gouvernance judiciaire en vue de réduire les conflits entre les aires protégées et les populations locales. La domestication est devenue effective en 2015 par l'élaboration de la stratégie nationale de conservation communautaire révisée qui s'inspire largement du processus de Whakatane et qui promeut la participation communautaire, le développement des communautés, la réduction des conflits liés à l'accès aux ressources naturelles, au partage des bénéfices et à la faiblesse de la communication[67].

En dépit de ces différentes capacités de résilience, les onze types de conflits persistent toujours au parc, car le besoin essentiel exprimé par les peuples autochtones n'est pas pris en considération par l'État congolais, le Parc national de Kahuzi-Biega et ses partenaires. Les revendications des terres par les Pygmées ne sont pas satisfaites. Les affrontements entre les gardes du parc et les Pygmées ont causé des morts d'hommes en mai 2019 et leur retour dans le Parc national de Kahuzi-Biega. Au sujet de cette situation, Jean-Claude Kakule Lyamahesana[68]

------

[66] UICN, *Plan directeur pour les évaluations Whakatane pilotes*, Nouvelles Zélande, janvier 2011, 11 p.

[67] ICCN, *Stratégie Nationale de Conservation Communautaire dans les aires protégées (2015-2020)*, version révisée 2015, Kinshasa, 58 p.

[68] Jean-Claude Kakule Lyamahesana, *Les Pygmées riverains des aires protégées : des peuples soumis aux nouvelles formes d'esclavage. Cas du Parc Na-*

critique et l'associe aux nouvelles formes d'esclavage pratiquées au Parc national De Kahuzi-Biega au Sud-Kivu. Pour humaniser les Pygmées et valoriser leur dignité humaine, il propose quatre pistes, entre autres : l'indemnité, l'octroi des terres, la création des petites forêts communautaires comme au Cameroun et au Kenya, la défense et la protection des droits politiques, civiques et culturels des Pygmées.

tional de Kahuzi-Biega en République démocratique du Congo, HAL, AUF, archives ouvertes, mai 2014, pp. 7-11.

CONCLUSION GÉNÉRALE

Les cas analysés dans la première partie n'adressent pas l'injustice sociale mais montrent qu'il n'existe pas une approche unique pour transformer les conflits mineurs ou majeurs aux niveaux individuel, relationnel, structurel ou culturel. Chaque intervenant applique l'approche qu'il maîtrise d'un bout à l'autre le processus et ses étapes, qu'il juge efficace et cherche à l'imposer aux autres partenaires.

L'application exclusive d'une approche au détriment de l'autre n'est pas confirmée. Quelques intervenants mettent en relief le renforcement des capacités en vue de développer une compréhension commune des causes des conflits, de doter les partenaires locaux des outils qui leur permettent d'agir avec efficacité sur les conflits. Les autres intervenants privilégient l'analyse de contexte dans lequel est né le conflit pour mieux l'adresser. Les organisations dénommée International Alert, Interpeace, Réseau d'innovation organisationnelle, USAID/SPR entrent dans cette catégorie car elles soutiennent que la maîtrise du contexte et la connaissance approfondie des causes permettent d'influer sur la dynamique de conflit. L'outil qui permet de comprendre et de maîtriser les causes et la dynamique des conflits est la Recherche action participative appliquée aux conflits.

Les autres intervenants développent les observatoires des conflits, les noyaux de paix, la communication, les projets de cohésion sociale et font l'analyse multi-acteurs pour adresser les différents types de conflits qui s'inscrivent dans une structure sociale et influent sur le cadre opérationnel en termes d'alternatives. Ces structures font la médiation en vue de promouvoir le dialogue et de prévenir la survenance des conflits. La transformation des conflits n'est donc pas réductible à l'unique approche développée par John Paul Lederach. Les adaptations manquent des bases épistémologiques, théoriques et méthodologiques. Ces éléments de type réflexif sont importants pour améliorer les interventions proposées par chaque approche dont le but est, d'après Labana Lasay'abar[69], de conscientiser les acteurs sur la nécessité d'identifier les causes profondes du conflit en vue de trouver des réponses durables, et de contribuer à changer la culture de la violence en celle de paix.

La deuxième partie permet de retenir que *la recherche action participative* appliquée aux dimensions locales des conflits est développée par les ONG internationales et nationales. Elles organisent les formations, les recherches et les services à la communauté en dehors des universités et institutions de recherche. Développer le partenariat serait bénéfique aux unes et aux autres. La recherche action participative appliquée aux conflits est à la fois une pratique émergente et une innovation introduite récemment à l'Est de la R.D. Congo et dans la région des Grands Lacs africains par l'Institut vie et paix, l'International Alert, l'Interpeace, le Search for Common Ground, ICCO, etc. Ces dernières travaillent sur les questions de restauration de la cohésion et de la paix sociales.

Les étapes de la méthode appliquée à la connaissance des conflits et à la découverte des actions communes de transformation sociale varient d'un partenaire à l'autre. Les variations, les limites et les finalités constituent les spécificités de cette technique de récolte des données sur les conflits fonciers, identitaires et de succession au pouvoir coutumier. Son application au Sud-Kivu et au Nord-Kivu, voire dans la région des Grands Lacs africains est un signe de son appropriation progressive par l'Action pour le développement et la paix endogènes, l'Action pour la paix et la concorde, l'Arche d'alliance, le Réseau d'innovation organisationnelle, la Solidarité des femmes activistes pour la défense des droits

---

[69] Labana Lasay'abar, *Le conflit : stratégies, prévention, gestion et modes de résolution*, Kinshasa, Chaire UNESCO, 2007, 115p.

humains, l'Union paysanne pour le développement intégral, l'Action solidaire pour la paix, le Centre d'études juridiques appliquées, le Pole Institut, la Solidarité féminine pour la paix et le développement intégral, le Centre d'alerte et de pévention des conflits, le Never again Rwanda, l'Institut de recherche et de dialogue pour la paix, etc.

Les praticiens de la recherche action participative appliquée aux conflits se désintéressent des questions abstraites de méthode et d'articulation du local et du global qui sont des matières de réflexion académique. L'important pour eux est d'opérer le changement, qu'il se produise à l'horizontalité ou à la verticalité, c'est d'avoir agi au moment opportun, rendu des services aux communautés.

La notion de résilience a des équivalences sur le plan théorique et pratique. La dimension pratique précède et nourrit la théorie. Celle-ci n'est pas suffisamment étoffée mais fait son chemin dans les sciences sociales, de développement et dans la nouvelle discipline de paix et de transformation des conflits. Pour être plus opérationnelle, la théorie de résilience doit inclure les réflexions sur les pratiques de paix notamment les visions de la paix, les discours et les perceptions des acteurs sur le conflit et la paix, les représentations de la paix, la dynamique des conflits, les aspirations des communautés, les attitudes favorables à la paix, les facteurs de connexion et de division, etc.

Les exemples de la Côte d'Ivoire, du Rwanda, de l'Est de la R.D. Congo et de la région des Grands Lacs africains ont dégagé les capacités de résilience telles que les politiques de croissance économique, la bonne gouvernance, les réformes institutionnelles, l'aide internationale, le programme de désarmement, démobilisation et réinsertion, le programme de stabilisation et de reconstruction, les chambres foraines, le projet de facilitation du commerce transfrontalier pour la paix, la plateforme des autorités locales des pays Grands Lacs africains, etc. Les analyses révèlent que les communautés font le partage des expériences, l'assistance mutuelle, les échanges intercommunautaires, le dialogue, etc. Les ONG pratiquent la recherche action participative, la sensibilisation, le lobbying, le plaidoyer, la médiation, le dialogue transfrontalier, le pardon, la gestion participative, le processus de Whakatane, etc. Bref, les capacités de résilience sont pratiquées par les communautés locales, les ONG et les États. Elles sont développées aux niveaux de la région des grands lacs africains, national et local.

Globalement, le dialogue, la médiation, l'arbitrage et le pardon sont les principales capacités de résilience. Leur usage transversal ne garantit pas la réussite totale. Les situations analysées montrent qu'il y a lieu de relativiser parce qu'il existe des réussites et des échecs. Dans l'ensemble, les capacités de résilience exogène sont mortelles, elles inhibent les capacités locales d'adaptation, de rebondissement et ne s'attaquent pas aux facteurs structurels des conflits. La question de nature si la résilience peut devenir pratique est à reposer autrement : les paquets de résilience sont-ils efficaces ? Poser la question dans ce sens soulève le problème d'appropriation et d'adaptation à la crise. Autrement dit, les réponses exogènes renforcent-elles les capacités locales de résilience ? Les cas décrits relatifs aux conflits territoriaux et identitaires, fonciers et d'autorité, de succession au pouvoir et liés à la gestion des parcs dégagent les faiblesses parce qu'elles n'intègrent pas les dimensions structurelle et historique des conflits à l'Est de la R.D. Congo.

Les intervenants ne distinguent pas suffisamment la part des enjeux qui seront résolus par l'État et la nécessité de le refonder avant d'entamer les dialogues intercommunautaires. Négliger cette étape cruciale fait que les ONG nationales, internationales et les agences des Nations unies posent des actions urgentistes et humanitaires[70]. Leurs

---

[70] Séverine Autesserre montre que l'intervention internationale, c'est-à-dire l'approche descendante est inefficace et inadaptée dans les conflits locaux dont les enjeux sont le foncier, le territoire, le pouvoir, la succession au pouvoir coutumier et administratif ou le contrôle des ressources naturelles. Ces enjeux mal perçus ou méconnus par les ONG internationales et les agences des Nations unies exacerbent les tensions sociales et les violences entre les communautés au

actions relèvent du domaine d'aide, elles font partie de la résilience appliquée au domaine d'intervention qui n'adresse pas de manière complète les inégalités sociales.

Les enjeux de territoire, de succession au pouvoir coutumier, des ressources naturelles et la gestion des conflits fonciers dévoilent les inégalités sociales qui sont liées à l'organisation de la société et qui sont consacrées par une vue complaisante du droit. Cela explique la plupart des échecs auxquels les partenaires de l'État congolais s'exposent et l'existence des cas de non récupération.

Faire la résilience en situation de post-conflits exige une nouvelle approche qui met en place des institutions responsables pour traiter les questions majeures de l'État, de prioriser la restauration de sa compétence, d'être attentif aux identités territoriales différentes de celles religieuses, politiques et de classe sociale et de prendre en considération les luttes de succession du pouvoir coutumier dans les chefferies et les groupements pour construire une paix durable.

C'est l'orientation stratégique à prôner maintenant qui consiste à promouvoir la résilience endogène, à fixer la qualification et les modalités à suivre pour devenir chefs des chefferies ou des groupements et à gérer les conflits entre les Pygmées et les aires protégées.

---

niveau local. Les réponses urgentes et humanitaires dont l'inefficacité est décrite par Séverine Autesserre dans son article intitulé : *Penser les conflits locaux : L'échec de l'intervention internationale au Congo*, in *L'Afrique des Grands Lacs. Annuaire 2007-2008*, pp. 179-196 s'attaquent aux conséquences et non aux causes profondes et structurelles de la conflictualité locale. Pour cette raison, l'auteure propose de développer une approche de résolution des conflits locaux comportant la réforme de la législation foncière, l'appui logistique et financier aux ONG, l'intervention des acteurs militaires et politiques internationaux en cas de besoin, le ratissage des groupes armés locaux et étrangers, la création d'un système judiciaire fiable et la professionnalisation de l'armée. Bref, aider les Congolais à refonder leur État.

REPÈRES SYNTHÉTIQUES

Le livre décrit la théorie, les démarches et les applications en vue de transformer les conflits intra et inter communautaires, identitaires, fonciers, territoriaux, miniers, économiques, politiques et sociaux dans tous les aspects de l'organisation sociale.

Transformation des conflits (TC)

- Théorie développée dans les années 1980 par John Paul Lederach ;
- Lexique : épicentre, épisode, pic, onde, conflit, paix, capacité, potentiel transformationnel, démographie du conflit, histoire du conflit, géographie du conflit, infrastructure de paix, etc. ;
- Capacités diversifiées dont le dialogue, la médiation, le plaidoyer, la tolérance, les plateformes, les réponses culturelles, les nouvelles pistes et les critiques permanentes ;
- Application aux niveaux individuel, relationnel, structurel et culturel ;
- Champ d'application : théorie à portée générale, elle est applicable à plusieurs types de conflits et dans plusieurs domaines ;
- Orientations : les capacités doivent s'attaquer aux injustices et inégalités sociales, traiter l'identitaire et travailler sur les dilemmes pour être efficaces et aboutir aux conditions maximales qui favorisent de ressouder les liens sociaux, de transcender les antagonismes et de prévenir le chaos ;

- Analyse dégage l'existence de plusieurs capacités de transformation des conflits (Observatoire des conflits, Groupe de réflexion sur les questions foncières, structures de médiation foncière, cartographie et priorisation des conflits communautaires, communication et projet de cohésion sociale, etc.) ;
- Lieux d'application : en Afrique (région des Grands Lacs), en Asie (Moyen Orient) et en Amérique ;
- Organisations utilisatrices : nationales et internationales notamment ADEPAE, APC, ARAL, RIO, NAR, IRDP, CEJA, CENAP, Institut Pole, IVP, Interpeace, USAID, International Alert, Search for Common Ground, etc.
- Conditions : maîtriser le corpus théorique pour son application efficiente. Identifier le champ social et ses hiérarchies pour établir les relations de pouvoir susceptibles de contribuer à la recherche de la paix[71].

Recherche action participative appliquée aux conflits (RAPC)

- Démarche de collecte des données pour la production d'un savoir commun sur les conflits, leurs acteurs et dynamiques ;

---

[71] John Paul Lederach propose « *Les niveaux de leadership* » dans Luc Reychler et Thania Paffenholz (Dir.), *Construire la paix sur le terrain. Mode d'emploi. Concepts, outils d'analyse, conseils pratiques...pour tous ceux qui s'engagent sur le front de la paix*, Collection n° 246-248, Bruxelles, Coédition GRIP-Éditions Complexe, 2000, pp. 161-172. À chaque niveau de leadership (supérieur, intermédiaire ou populaire) correspond une démarche de construction de la paix. De haut vers le bas et vice versa, John Paul Lederach distingue trois types de démarches de construction de la paix, à savoir la démarche descendante ou au sommet de la construction de la paix, la démarche intermédiaire ou médiane de la construction de la paix, et la démarche ascendante ou à la base de construction de la paix. Pour le niveau intermédiaire qui concerne cet ouvrage, il suggère de repérer les groupes identitaires en conflit et de localiser leurs leaders intermédiaires capables de contribuer positivement au processus de paix.

- Source d'inspiration : outil élaboré après la seconde guerre mondiale 1940-1945 par Kurt Lewin pour conscientiser les paysans à l'auto-développement et à la libération de leur exploitation et domination. Utilisé au Brésil par Paulo Freire pour la pédagogie des opprimés ;
- Passage du développement à l'usage de la collecte des données et la production des savoirs sur les conflits et leurs dynamiques dans la région des Grands Lacs africains ;
- Analyse dégage que les étapes sont variables d'après les auteurs ;
- Importance ; cet outil permet de comprendre et de maîtriser les enjeux, les acteurs et les dynamiques des conflits. Elle favorise la participation, l'action et le changement social ;
- Lieux d'application : en Amérique et dans la région des Grands Lacs africains ;
- Organisations utilisatrices : nationales et internationales dont RIO, APC, ADEPAE, UPDI, IFDP, Centre OLAME, SOFAD, ICJP, CEJA, CENAP, NAR, Caucus des Femmes, USAID/SPR, International Alert, IVP, Interpeace, etc. ,
- Limites : faible capacité heuristique et de représentation des unités de dialogue communautaire ;
- Conditions : maîtriser les étapes pour appliquer la démarche avec succès du début à la fin. Analyser les conflits historiques, structurels et à haut risque qui menacent l'organisation sociale et les équilibres de pouvoir.

Résilience appliquée aux conflits (RAC)

- Application ;
- Notion appliquée en physique de matériaux, en écologie, en économie, en sociologie, en démographie, en science de développement, etc. ;

- Application actuellement aux conflits dans les années 2010 pour anticiper, prévenir et transformer les conflits ;
- Analyse dégage une diversité des réponses, c'est-à-dire des capacités à bien approfondir pour les appliquer pertinemment aux conflits bien identifiés en vue d'aboutir à la réconciliation ;
- Lieux d'application : Côte d'Ivoire, Rwanda, R.D. Congo et Burundi ;
- Organisations utilisatrices : Interpeace et ses partenaires (RIO, APC, Institut Pole, CEJA, CENAP, NAR, Harvard Humanitarian Initiative)
- Faiblesses : Réponses importées, elles sont exogènes qu'endogènes, méconnaissent des aspects historiques et structurels des conflits. Les actions posées sont de type urgentiste, humanitaire que durable. Les ONG interviennent sur les matières où elles n'ont pas la légalité pour faire respecter les engagements issus des dialogues communautaires. Bref, les principales approches sont mises en doute à la suite des résultats mitigés ;
- Conditions : Redresser les mécanismes de refondation de l'État congolais pour restaurer la paix et la réconciliation. Sur le plan théorique, la notion de résilience doit inclure les réflexions sur les pratiques de paix.

BIBLIOGRAPHIE

ADEPAE, Arche d'Alliance, RIO et Life & Peace Institute, *Au-delà des « Groupes armés ». Conflits locaux et connexions sous-régionales. L'exemple de FIZI et UVIRA (Sud-Kivu, RDC)*, Série des Grands Lacs, Kalmar, Suède, Imprimé par Lenanders Grafiska, Life & Peace Institute, 2011, 159 p.

ALERTE, Asbl, Goma, RDC, Le plan d'occupation du Kivu a commencé, Goma, le 28 septembre 1998, 2 p. et Des parlements provinciaux au Nord-Kivu et au Sud-Kivu pourquoi faire ?, Goma, le 8 octobre 1998, 2 p.

Alliance FATIMA AVOKI, *IFDP et les approches de transformation des conflits*, Inédit, TFC, Paix et Transformation des conflits, Université Evangélique en Afrique (UEA), 2016-2017, 51 p.

APC et Life & Peace Institute, *Conflits fonciers et dynamique de cohabitation en territoire de KALEHE, Sud-Kivu, Est de la RDC, Série des Grands Lacs*, Kalmar, Suède, Imprimé par Lenanders Grafiska, Life & Peace Institute, 2012, 53 p

Arrêté interministériel no 25 /CAB/ VPM/ MININTERSEC/ HMS/ 051/2018 et n° CAB/ME/MIN.DRI/ARN/FKT/007/2018 du… /2018 portant mise en œuvre des dispositions du Décret n° 18/020 du 30 Mai 2018 portant levée de la surséance de l'exécution des dispositions des Décrets n° 13/020, 13/021, 13/022, 13/023, 13/024, 13/025, 13/026, 13/027, 13/028, 13/029 et 13/030 du 13 juin 2013 conférant le statut de ville et commune à certaines agglomérations, Kinshasa, le 30 mai 2018, 8 p.

AUTESSERRE, Séverine. « Penser les conflits locaux : L'échec de l'intervention internationale au Congo », in *L'Afrique des Grands Lacs. Annuaire 2007-2008*, pp. 179-196.

BASHENDE BWEYO, René. *Administration et conflit de succession au pouvoir coutumier dans la chefferie des BAFULIIRU de 1928 à 2005*, Inédit, mémoire ISDR-Bukavu, année académique 2005-2006, 49 p.

BASHENDE BWEYO, René. *Administration et Conflit de succession au pouvoir coutumier dans la Collectivité-Chefferie des BAFULIIRU de 1928 à 2014*, pp. 83-105, dans Annales de l'UEA, n° 5, volume 4, Bukavu, imprimeries Les Z Computers, mai 2015, 360 p.

BASIMINE, Jules; Célestin KATCHO KARUME et Marie-Noël CIKURU, *Résilience aux catastrophes naturelles et d'orgine anthropique en République démocratique du Congo*, Louvain-La-Neuve, Belgique, Academia-L'Harmattan, 2018, 247 p.

Bureau régional d'Interpeace pour l'Afrique de l'Est et du Centre, *Rapport sur manipulations des identités et stéréotypes. Enjeux et défis pour la paix dans la région des Grands Lacs, Naïrobi Kenya*, Interpeace, octobre 2013, 65 p.

BUSOMOKE NZIKA, Justin. *Le RFDP et la transformation des conflits dans les groupements d'IKOMA, de LURHALA et de WALUNGU*, Inédit, Mémoire, ISDR-Bukavu, 2016-2017, 45 p.

Centre LOKOLE - Search For Common Ground, Transformation des conflits. Annexes pour CONADER sensibilisateurs, SA, 24 p.

CIZA BAHATI, René. Search For Common Ground (SFCG)/Centre LOKOLE et la transformation des conflits en territoires de FIZI et d'UVIRA à l'Est de la République démocratique du

Congo de 2001 à 2009, Inédit, Mémoire, ISDR-Bukavu, 2008-2009, 111 p.

Claske Dijkema, Karine Gatelier, Herrick Mouafo Djontu, *Transformation de conflit : Retrouver une capacité d'action face à la violence*, Paris, Editions Charles Léopold Mayer, 2017, 202 p.

Comité provincial d'Analyse des Risques liés aux conflits communautaires (CAR), Rapport de l'atelier sur les rôles du CAR, cartographie et priorisation des conflits dans la province du Sud-Kivu, Hôtel Beau Lieu, Bukavu, du 8 au 10 Octobre 2013, 11 p.

Commission d'accueil et de réinstallation au Sud-Kivu, Des déplacés et rescapés de massacre de Vyura et de Kalemie au Katanga en République démocratique du Congo, Bukavu, le 24 septembre 1998, 4 p.

Décret n° 13/029 du 13 juin 2013 conférant le statut de ville et de commune à certaines agglomérations de la Province du Sud-Kivu, Kinshasa, le 13 juin 2013, 13 p.

Diakonie Katastrophenhilfe et Brot für die Welt, Transformation des conflits et construction de la paix, Version française, Stuttgart, Juillet 2010, 45 p.

GALTUNG, Johan. *Transcendance et transformation des conflits. Une introduction au métier de médiateur*, Traduit par Célestin TAGOU, Yaoundé, Presses des Universités Protestantes d'Afrique, 2010, 212 p.

Garenne, Michel et Enéas GAKUSI, La résilience du Rwanda aux chocs des années 1990 : une perspective démographique, dans Ethique et économique/ Ethics and Economics, 11(1), 2014, pp. 16-28.

ICCN, Stratégie Nationale de Conservation Communautaire dans les aires protégées (2015-2020), version révisée 2015, Kinshasa, 58 p.

ICCO, KERK IN ACTIE et Transition International, Analyse de conflit. Outil pratique pour une analyse de conflit afin de formuler les priorités et les stratégies de programmes de transformation de conflit, RD Utrecht, Pays- Bas, 2008, 27 p.

IFDP, La problématique foncière et ses enjeux dans la province du Sud-Kivu, RD Congo, Actes de la table ronde, Bukavu, du 10 au 11 Mai 2010, 100 p.

Impunity Watch et OXFAM, Perceptions de citoyens sur la transformation des conflits dans la région des Grands Lacs (Burundi, Rwanda, République démocratique du Congo), Rapport final, Bujumbura, novembre, 2014, 63 p.

Institut Congolais pour la Conservation de la nature (ICCN) et Parc National de KAHUZI-BIEG (PNKB), Stratégie de résolution des conflits 2012-2016, pp. 15-29.

Interpeace, APC, CENAP, CEJA, Harvard Humanitarian Initiative (HHI), Never Again Rwanda, Pole Institute et RIO, Résilience pour la réconciliation dans la région des grands lacs. Dialogue transfrontalier pour la paix dans la région des grands lacs, version provisoire- non encore autorisée pour distribution ou reproduction, juin 2019, 169 p.

ISSSS et STAREC, Atelier de mise à jour des zones prioritaires de stabilisation au Sud-Kivu. Actualisation des zones de 2014, Bukavu, INPP, du 16 au 17 février 2018, 9 p.

KAGANDA MULUME-ODERHWA, Philippe. *Mouvement Maï-Maï et participation politique au Sud-Kivu. Contribution à la critique de la sociologie de la paix en société post-conflit*, inédit,

Thèse de doctorat, Université Officielle de Bukavu, Faculté des Sciences Sociales, politiques et Administratives, Département de sociologie, année académique 2012-2013, pp. 374-381.

KAKULE LYAMAHESANA, Jean-Claude. *Les Pygmées riverains des aires protégées : des peuples soumis aux nouvelles formes d'esclavage. Cas du Parc National de KAHUZI-BIEGA en République démocratique du Congo*, HAL, AUF, archives ouvertes, mai 2014, pp. 7-11.

KASEREKA BISHIKWABO, « Conflits liés à la cohabitation entre la population locale et le Parc National de KAHUZI-BIEGA (PNKB) », dans les *Actes des journées scientifiques consacrées à la gestion des ressources naturelles et à la gestion des conflits*, Faculté des sciences agronomiques et environnement, UEA, Bukavu, du 6 au 7 septembre 1999, pp. 44-45.

KOUAMEKAN J. M. KOFFI, Mama Ouattara, Jérôme Ballet, François-Régis Mahieu, Résilience et équilibres en Côte d'Ivoire post-crises, dans Éthique et économique/ Ethics and Economics, 11(1), 2014, pp. 29-43.

KOUAMEKAN J. M. KOFFI, Résilience et sociétés : concepts et applications dans Éthique et économique/Ethics and Economics, 11(1) 2014, http://ethique-economique.net/, pp.2-8.

LABANA LASAY'ABAR, *Le conflit : stratégies, prévention, gestion et modes de résolution*, Kinshasa, Chaire UNESCO, 2007, 115p.

LEDERACH, John Paul. « Les niveaux de leadership », dans *Construire la paix sur le terrain. Mode d'emploi, concepts, outils d'analyse, conseils pratiques...pour tous ceux qui s'engagent sur le front de la paix*, Bruxelles, Editions GRIP, 2000, 421 p.

LEDERACH, John Paul. *The little book of conflict transformation. Clear articulation of the guiding principles by pioneer in the field*, the United States of America, Good Books, Intercourse, 2003, 74 p.

Life and Peace Institute, Programme RDC 2008-2010, Renforcement des capacités pour la transformation des conflits à l'Est de la République démocratique du Congo, Bukavu, 37 p.

Morvan, Hélène, *Réinventer le quotidien. La cohabitation des populations civiles et des combattants Mai-Mai au Kivu*, Uppsala, Suède, Imprimé par Temdahls Tryckeri AB, Life & Peace Institute, 2005, pp.41-42.

MUCHUKIWA RUKAKIZA, Bosco et Claude IGUMA WAKENGE, Canevas réaménagé pour la systématisation de la Recherche action participative, Inédit, Bukavu, Life & Peace Institute, Février 2010, 16 p.

MUCHUKIWA RUKAKIZA, Bosco, Mot d'accueil des autorités provinciales et des invités à la cérémonie de plantation des arbres de paix au campus de l'Institut en vue de promouvoir la cohésion et la paix transfrontalières entre les Burundais, les Congolais et les Rwandais, Bukavu, le 5 Novembre 2016, 3 p.

MUCHUKIWA RUKAKIZA, Bosco, *Territoires ethniques et territoires étatiques. Pouvoirs locaux et conflits interethniques au Sud-Kivu (R. D. Congo)*, Paris, Editions L'Harmattan, 2006, 124p.

MULANGALIRO DIHI, Oscar. *Les conflits interethniques à Mutarule dans la Chefferie Plaine de la Ruzizi, Territoire d'Uvira, Province du Sud-Kivu, République démocratique du Congo*, inédit, mémoire, UEA, 2015-2016, p. 15.

MURHEGA MASHANDA et KITOKA MOKE MUTONDO, *Opportunité et défis de la réconciliation à l'Est de la RDC. Cas des conflits liés à la transhumance en territoire de Fizi et d'Uvira*, Genève, Globethics.net, Focus n° 54, 2019, 65 p.

MUTEWA WAKANDWA, Clément. Information récoltée à Mutarule-Nyamugali, inédit, du 15 au 16 octobre 2016, 4 p.

MWENYIMALI MUGANGA, Richard. *Les conflits de succession au pouvoir coutumier dans la Chefferie de NINDJA en territoire de KABARE*, inédit, mémoire, ISDR-Bukavu, année académique 2018-2019, 57 p.

NABINTU BASIMINE, Irène. *Conflit de succession au pouvoir coutumier et son impact sur la paix et le développement socio-économique dans la Chefferie de NINDJA*, inédit, mémoire, département de Paix et Développement, UEA, année académique, 2018-2019, 85 p.

PAFFENHOLZ, Thania. Construire la paix à partir d'une communauté, Uppsala, Life and Peace Institute, 2007, 87p.

PNKB-GTZ, MAZINGIRA, feuillet trimestriel de communication environnementale, n° 2, octobre-novembre-décembre 1999, pp. 1-6.

PNKB-GTZ, MAZINGIRA, feuillet trimestriel de communication environnementale, n° 4, octobre-novembre-décembre 2000, pp. 1-4.

PNUD et International Alert, Bâtir sur de nouvelles bases grâce à une approche participative. Rapport sur les contrats sociaux, Goma, juin, 2015, 53 p.

PNUD et International Alert, La recherche - action participative : Une méthode pour rétablir les liens sociaux fracturés. Leçons d'un projet en République démocratique du Congo, Londres, Royaume-Uni, juin 2015, 33 p.

Programme Biodiversité et forêts, MECNEF, ICCN-PNKB, Diagnostic des Comités de Conservation Communautaire au Parc National de KAHUZI-BIEGA, Bukavu, juillet 2006, pp. 1-2 et Le Gorille, n° 14, Bukavu, janvier-juin 2006, pp. 3-10.

REYCHLER, Luc et Thania PAFFENHOLZ (Dir.), *Construire la paix sur le terrain. Mode d'emploi. Concepts, outils d'analyse, conseils pratiques...pour tous ceux qui s'engagent sur le front de la paix*, Collection n° 246-248, Bruxelles, Coédition GRIP- Editions Complexe, 2000, 421 p.

RUHIMBIKA RWUMBUGUZA, Manassé Müller. *Les mouvements migratoires dans les hauts plateaux de la zone d'Uvira : une conséquence de la dégénérescence agro-pastorale*, inédit, TFE, ISDR-Bukavu, 1985-1986, 105 p.

SARY NGOY ET MUMBU MUKUNA MUNTU, « Pour quelle théorie du développement rural ? », dans Cahiers du CERPRU, 2è année, n°2, Bukavu, 1985, pp.49-51.

SEBANTU NDIRINGIYE AMONI, *Les migrations Banyamulenge : de la région du Sud-Kivu vers la région du Shaba en zones de Moba et de Kalemie (1964-1990)*, inédit, TFE en histoire, ISP-Bukavu, juillet 1990.

SOFAD et UPDI, Rapport de la Recherche action participative sur la gestion foncière et son impact sur la sécurité de la femme en territoire d'UVIRA, Inédit, Bukavu, mars, 2016, 165 p.

UICN, Plan directeur pour les évaluations Whakatane pilotes, Nouvelles Zélande, janvier 2011, 11 p.

Union Paysanne pour le Développement Intégral (UPDI) et Institut Vie et Paix, Violence et insécurité à NINDJA/KANIOLA : le phénomène RASTA, Inédit, Rapport de recherche, Bukavu, novembre, 2008, 75 p.

USAID et International Alert, Principes de base de la transformation des conflits et du genre, Atelier de formation, Bukavu, du 7 au 10 décembre 2010, 66 p.

Vanholder, Pieter et Jean-Louis Nzweve, « Actions et participation – la construction de la paix », dans *New Routes*, Vol. 4, n°4/2013, p.15.

Ouvrages de l'auteur :

- *Territoires ethniques et territoires étatiques. Pouvoirs locaux et conflits interethniques au Sud-Kivu (R.D. Congo)*, Paris, Editions, L'Harmattan, 2006
- *Montée de l'Islam au Sud-Kivu : opportunité ou menace à la paix sociale ? Perspectives du dialogue islamo-chrétien en RD Congo*, (Collectif), Genève, Globethics.net, Focus n° 12, 2012
- *Le Massif d'ITombwe. Le Peuple et la Terre*, (Collectif), Namur, Les éditions namuroises, 2014
- *L'État africain et les mécanismes culturels traditionnels de transformation des conflits*, (Collectif), Genève, Globethics.net, Focus n° 22, 2015
- *Atlas des Pays du Nord-Tanganyika* (Collectif), Marseille, Editions Institut de Recherche pour le Développement, 2015
- *Identités territoriales et conflits dans la Province du Sud-Kivu, R.D. Congo*, Genève, Globethics.net, Focus n° 34, 2016
- *Éthique de solidarité et autonomisation des personnes vivant avec handicap*, (Collectif), Saarbrücken, Allemagne, Editions universitaires européennes, 2017

- *Les Originaires et non-originaires en République démocratique du Congo*, (Collectif), Paris, Editions L'Harmattan, 2017
- *La Série Bukavu. Vers une décolonisation de la recherche*, (Collectif), Louvain, Presses Universitaires de Louvain, 2019
- *Violences Sexuelles et Basées sur le Genre au Sud-Kivu : Pratiques, Capacités de résilience et Qualification par l'État congolais* (collectif), Paris, Edilivre, 2020

Philip Lee and Dafne Sabanes Plou (eds), *More or Less Equal: How Digital Platforms Can Help Advance Communication Rights*, 2014, 158pp. ISBN 978–2–88931–009–8

Sanjoy Mukherjee and Christoph Stückelberger (eds.) *Sustainability Ethics. Ecology, Economy, Ethics. International Conference SusCon III, Shillong/India*, 2015, 353pp. ISBN: 978–2–88931–068–5

Amélie Vallotton Preisig / Hermann Rösch / Christoph Stückelberger (eds.) *Ethical Dilemmas in the Information Society. Codes of Ethics for Librarians and Archivists*, 2014, 224pp. ISBN: 978–288931–024–1.

Prospects and Challenges for the Ecumenical Movement in the 21st Century. Insights from the Global Ecumenical Theological Institute, David Field / Jutta Koslowski, 256pp. 2016, ISBN: 978–2–88931–097–5

Christoph Stückelberger, Walter Fust, Obiora Ike (eds.), *Global Ethics for Leadership. Values and Virtues for Life*, 2016, 444pp. ISBN: 978–2–88931–123–1

Dietrich Werner / Elisabeth Jeglitzka (eds.), *Eco-Theology, Climate Justice and Food Security: Theological Education and Christian Leadership Development*, 316pp. 2016, ISBN 978–2–88931–145–3

Obiora Ike, Andrea Grieder and Ignace Haaz (Eds.), *Poetry and Ethics: Inventing Possibilities in Which We Are Moved to Action and How We Live Together*, 271pp. 2018, ISBN 978–2–88931–242–9

Christoph Stückelberger / Pavan Duggal (Eds.), *Cyber Ethics 4.0: Serving Humanity with Values*, 503pp. 2018, ISBN 978–2–88931–264-1

Texts Series

Principles on Sharing Values across Cultures and Religions, 2012, 20pp. Available in English, French, Spanish, German and Chinese. Other languages in preparation. ISBN: 978–2–940428–09–0

Ethics in Politics. Why it Matters More than Ever and How it Can Make a Difference. A Declaration, 8pp, 2012. Available in English and French. ISBN: 978–2–940428–35–9

Religions for Climate Justice: International Interfaith Statements 2008–2014, 2014, 45pp. Available in English. ISBN 978–2–88931–006–7

Ethics in the Information Society: The Nine 'P's. A Discussion Paper for the WSIS+10 Process 2013–2015, 2013, 32pp. ISBN: 978–2–940428–063–2

Principles on Equality and Inequality for a Sustainable Economy. Endorsed by the Global Ethics Forum 2014 with Results from Ben Africa Conference 2014, 2015, 41pp. ISBN: 978–2–88931–025–8

Water Ethics: Principles and Guidelines, 2019, 41pp. ISBN 978–2–88931-313-6, available in three languages.

Praxis Series

Christoph Stückelberger, *Responsible Leadership Handbook : For Staff and Boards,* 2014, 116pp. ISBN :978-2-88931-019-7 (Available in Russian)

Angèle Kolouchè Biao, Aurélien Atidegla (éds.,) *Proverbes du Bénin. Sagesse éthique appliquée de proverbes africains,* 2015, 132pp. ISBN 978-2-88931-068-5

Elly K. Kansiime, *In the Shadows of Truth: The Polarized Family,* 2017, 172pp. ISBN 978-2-88931-203-0

Christopher Byaruhanga, *Essential Approaches to Christian Religious Education: Learning and Teaching in Uganda,* 2018, 286pp. ISBN: 978-2-88931-235-1

Christoph Stückelberger / William Otiende Ogara / Bright Mawudor, *African Church Assets Handbook,* 2018, 291pp. ISBN: 978-2-88931-252-8

Oscar Brenifier, *Day After Day 365 Aphorisms,* 2019, 395pp. ISBN 978-2-88931-272-6

Christoph Stückelberger, *365 Way-Markers,* 2019, 416pp. ISBN: 978-2-88931-282-5 (available in English and German).

Benoît Girardin / Evelyne Fiechter-Widemann (Eds.), *Blue Ethics: Ethical Perspectives on Sustainable, Fair Water Resources Use and Management,* forthcoming 2019, 265pp. ISBN 978-2-88931-308-2

Elly Kansiime, *Theology of Work and Development,* 158pp. 2020, ISBN 978-2-88931-373-0

Theses Series

Kitoka Moke Mutondo, *Église, protection des droits de l'homme et refondation de l'État en République Démocratique du Congo,* 2012, 412pp. ISBN: 978–2–940428–31–1

Ange Sankieme Lusanga, *Éthique de la migration. La valeur de la justice comme base pour une migration dans l'Union Européenne et la Suisse,* 2012, 358pp. ISBN: 978–2–940428–49–6

Kahwa Njojo, *Éthique de la non-violence*, 2013, 596pp.
ISBN: 978–2–940428–61–8

Carlos Alberto Sintado, *Social Ecology, Ecojustice and the New Testament: Liberating Readings,* 2015, 379pp. ISBN: 978-2–940428–99–1

Symphorien Ntibagirirwa, *Philosophical Premises for African Economic Development: Sen's Capability Approach*, 2014, 384pp.
ISBN: 978–2–88931–001–2

Jude Likori Omukaga, *Right to Food Ethics: Theological Approaches of Asbjørn Eide,* 2015, 609pp. ISBN: 978–2–88931–047–0

Jörg F. W. Bürgi, *Improving Sustainable Performance of SME's, The Dynamic Interplay of Morality and Management Systems*, 2014, 528pp.
ISBN: 978–2–88931–015–9

Jun Yan, *Local Culture and Early Parenting in China: A Case Study on Chinese Christian Mothers' Childrearing Experiences,* 2015, 190pp.
ISBN 978–2–88931–065–4

Frédéric-Paul Piguet, *Justice climatique et interdiction de nuire*, 2014, 559 pp.
ISBN 978–2–88931–005–0

Mulolwa Kashindi, *Appellations johanniques de Jésus dans l'Apocalypse: une lecture Bafuliiru des titres christologiques*, 2015, 577pp. ISBN 978–2–88931–040–1

Naupess K. Kibiswa, *Ethnonationalism and Conflict Resolution: The Armed Group Bany2 in DR Congo.* 2015, 528pp. ISBN: 978–2–88931–032–6

Kilongo Fatuma Ngongo, *Les héroïnes sans couronne. Leadership des femmes dans les Églises de Pentecôte en Afrique Centrale*, 2015, 489pp. ISBN 978–2–88931–038–8

Bosela E. Eale, *Justice and Poverty as Challenges for Churches: with a Case Study of the Democratic Republic of Congo*, 2015, 335pp,
ISBN: 978–2–88931–078–4

Andrea Grieder, *Collines des mille souvenirs. Vivre* après *et* avec *le génocide perpétré contre les Tutsi du Rwanda*, 2016, 403pp. ISBN 978–2–88931–101–9

Monica Emmanuel, *Federalism in Nigeria: Between Divisions in Conflict and Stability in Diversity*, 2016, 522pp. ISBN: 978–2–88931–106–4

John Kasuku, *Intelligence Reform in the Post-Dictatorial Democratic Republic of Congo*, 2016, 355pp. ISBN 978–2–88931–121–7

Fifamè Fidèle Houssou Gandonour, *Les fondements éthiques du féminisme. Réflexions à partir du contexte africain*, 2016, 430pp. ISBN 978–2–88931–138–5

Nicoleta Acatrinei, *Work Motivation and Pro-Social Behaviour in the Delivery of Public Services Theoretical and Empirical Insights*, 2016, 387pp. ISBN 978–2–88931–150–7

Timothee B. Mushagalusa, *John of Damascus and Heresy. A Basis for Understanding Modern Heresy*, 2017, 556pp. ISBN: 978-2-88931-205-4

Nina, Mariani Noor, *Ahmadi Women Resisting Fundamentalist Persecution. A Case Study on Active Group Resistance in Indonesia*, 2018, 221pp. ISBN: 978-2-88931-222-1

Ernest Obodo, Christian *Education in Nigeria and Ethical Challenges. Context of Enugu Diocese*, 2018, 612pp. ISBN: 978-2-88931-256-6

Fransiska Widyawati, *Catholics in Manggarai, Flores, Eastern Indonesia*, 2018, 284pp. ISBN: 978-2-88931-268-9

A. Halil Thahir, *Ijtihād Maqāṣidi: The Interconnected Maṣlaḥah-Based Reconstruction of Islamic Laws*, 2019, 200pp. ISBN 978-2-88931-220-710

Tibor Héjj, *Human Dignity in Managing Employees. A performative approach, based on the Catholic Social Teaching (CST)*, 2019, 320pp. ISBN: 978-2-88931-280-1

Sabina Kavutha Mutisya, *The Experience of Being a Divorced or Separated Single Mother: A Phenomenological Study*, 2019, 168pp. ISBN: 978-2-88931-274-0

Florence Muia, *Sustainable Peacebuilding Strategies. Sustainable Peacebuilding Operations in Nakuru County, Kenya: Contribution to the Catholic Justice and Peace Commission (CJPC)*, 2020, 195pp. ISBN: 978-2-88931-331-0

Mary Rose-Claret Ogbuehi, *The Struggle for Women Empowerment Through Education*, 2020, 410pp. ISBN: 978-2-88931-363-1

Nestor Engone Elloué, *La justice climatique restaurative: Réparer les inégalités Nord/Sud*, 2020, 198pp. ISBN 978-2-88931-379-2

Hilary C. Ike, *Organizational Improvement of Nigerian Catholic Chaplaincy in Central Ohio: Towards Effective Collaboration for Rural and Community Development in Nigeria – Ethical Considerations*, 154pp. 2021, ISBN 978-2-88931-385-3